高等法律职业教育系列教材
审定委员会

高等法律职业教育系列教材

警察防暴与战术技能教程

JINGCHA FANGBAO YU ZHANSHU JINENG JIAOCHENG

主　编 ○ 何文多　孙其超

副主编 ○ 李年铁　王巍堡　李志雄

撰稿人 ○ (以撰写章节先后为序)

何文多　李年铁　邓德林

高　伟　孙其超　杨才军

李志雄　李　辉　王巍堡

中国政法大学出版社

2018 · 北京

图书在版编目（ＣＩＰ）数据

警察防暴与战术技能教程/何文多，孙其超主编. —北京：中国政法大学出版社，2018.1
（2025.7重印）
ISBN 978-7-5620-7970-5

Ⅰ.①警… Ⅱ.①何… ②孙… Ⅲ.①警察－战术训练－教材 Ⅳ.①D035.3

中国版本图书馆CIP数据核字(2017)第325535号

出 版 者　　中国政法大学出版社
地　　址　　北京市海淀区西土城路25号
邮　　箱　　fadapress@163.com
网　　址　　http://www.cuplpress.com (网络实名：中国政法大学出版社)
电　　话　　010-58908435(第一编辑部) 58908334(邮购部)
承　　印　　北京鑫海金澳胶印有限公司
开　　本　　787mm×1092mm　1/16
印　　张　　9
字　　数　　186 千字
版　　次　　2018 年 1 月第 1 版
印　　次　　2025 年 7 月第 4 次印刷
印　　数　　11001～14000 册
定　　价　　29.00 元

总序
Preface

　　高等法律职业化教育已成为社会的广泛共识。2008 年，由中央政法委等 15 部委联合启动的全国政法干警招录体制改革试点工作，更成为中国法律职业化教育发展的里程碑。这也必将带来高等法律职业教育人才培养机制的深层次变革。顺应时代法治发展需要，培养高素质、技能型的法律职业人才，是高等法律职业教育亟待破解的重大实践课题。

　　目前，受高等职业教育大趋势的牵引、拉动，我国高等法律职业教育开始了教育观念和人才培养模式的重塑。改革传统的理论灌输型学科教学模式，吸收、内化"校企合作、工学结合"的高等职业教育办学理念，从办学"基因"——专业建设、课程设置上"颠覆"教学模式："校警合作"办专业，以"工作过程导向"为基点，设计开发课程，探索出了富有成效的法律职业化教学之路。为积累教学经验、深化教学改革、凝塑教育成果，我们着手推出"基于工作过程导向系统化"的法律职业系列教材。

　　《国家中长期教育改革和发展规划纲要（2010～2020 年）》明确指出，高等教育要注重知行统一，坚持教育教学与生产劳动、社会实践相结合。该系列教材的一个重要出发点就是尝试为高等法律职业教育在"知"与"行"之间搭建平台，努力对法律教育如何职业化这一教育课题进行研究、破解。在编排形式上，打破了传统篇、章、节的体例，以司法行政工作的法律应用过程为学习单元设计体例，以职业岗位的真实任务为基础，突出职业核心技能的培养；在内容设计上，改变传统历史、原则、概念的理论型解读，采取"教、学、练、训"一体化的编写模式。以案例等导出问题，根据内容设计相应的情境训练，将相关原理与实操训练有机地结合，围绕关键知识点引入相关实例，归纳总结理论，分析判断解决问题的途径，充分展现法律职业活动的演进过程和应用法律的流程。

法律的生命不在于逻辑，而在于实践。法律职业化教育之舟只有驶入法律实践的海洋当中，才能激发出勃勃生机。在以高等职业教育实践性教学改革为平台进行法律职业化教育改革的路径探索过程中，有一个不容忽视的现实问题：高等职业教育人才培养模式主要适用于机械工程制造等以"物"作为工作对象的职业领域，而法律职业教育主要针对的是司法机关、行政机关等以"人"作为工作对象的职业领域，这就要求在法律职业教育中对高等职业教育人才培养模式进行"辩证"地吸纳与深化，而不是简单、盲目地照搬照抄。我们所培养的人才不应是"无生命"的执法机器，而是有法律智慧、正义良知、训练有素的有生命的法律职业人员。但愿这套系列教材能为我国高等法律职业化教育改革作出有益的探索，为法律职业人才的培养提供宝贵的经验、借鉴。

2016 年 6 月

序言
Foreword

　　为了适应司法警官高等应用型专门人才培养的客观需要，促进司法警官高等教育改革和发展，在中国政法大学出版社的大力支持下，广东司法警官职业学院组织编写了一套司法警官职业教育系列教材。为配合警察院校的专业建设，满足警察体育教学需要，培养新形式、新任务下的高素质人才，适应当前执法任务的复杂性，我们编写了《警察防暴与战术技能教程》一书，本教材适用于全日制警察职业院校相关专业人员，也可适用于其他相关行业从业人员作为教学、业务培训和自学用书。

　　警察防暴与战术技能涉及面广、操作性强，是理论与实践相结合的产物。这要求民警要有较高的警务实战基础技能和较好的警务实战战术意识，结合当代复杂的治安形势特点，不断地训练、实战、总结、提高，才能在智与勇的较量、生与死的抉择中立于不败之地。广大民警在警务实战工作中要因地制宜、因情施策、灵活变通、举一反三，才能从根本上提高警务实战技能与战术水平。我们要大力加强警察院校的学历教育以及广大在职干警的业务技能培训，把教学的重点放在警务实战战术与技能当中，进一步提高警察的实战执法能力。

　　本教材在编写过程中贯彻实用性原则，坚持理论联系实际，采取理论研究和行业实际相结合的形式，强调尽量满足学以致用和职业技能训练的要求。本教材作者立足于警官院校的实际，针对高职院校学生的特点，运用通俗、简明的言语和大量的实例图片，使教材真正做到可读、易懂。

刘晓晖

2017 年 10 月

前言
Foreword

　　根据高等职业技术教育的要求——"应具有更加鲜明的职业性、实践性和岗位的针对性，应更加注重知识的有效传播"，结合我院课程建设与改革的需要，针对政法机关警务实战特点，我们编写了《警察防暴与战术技能教程》教材。

　　近年来，随着我国经济体制的转型，利益群体的多元化，贫富差距日益拉大，社会的治安形势愈趋复杂，刑事犯罪中的暴力犯罪、带有黑社会性质的有组织犯罪日益增多，这不仅严重危害到社会治安和人民群众的财产安全，也使民警在执法中遭到暴力侵害的风险增加，对一线民警的生命安全构成了严重的威胁。然而，我们的民警目前存在难以适应新的形势，盲目轻视对手，战术意识淡薄，执法、执勤战术动作不规范，实战战术技能偏低，缺乏切合实际的实战模拟训练等问题，这都是让我们付出高昂代价的原因。通过防暴与战术的理论教学和技能的强化训练，以最小的代价、最佳的方式，合法高效地打击违法犯罪活动，达到有效保护民警自身安全、维护与建设和谐社会治安秩序的目的。

　　本书的各章执笔人及分工如下：本书的大纲及体例由何文多和李年铁负责拟定，各章节具体安排如下：第一章：李年铁、何文多；第二章：何文多；第三章：何文多、邓德林、高伟；第四章：孙其超、杨才军；第五章：何文多、李志雄、李辉；第六章：何文多、王巍堡；第七章：何文多、孙其超；第八章：何文多、李志雄。

　　本书的动作图片主要由何文多、孙其超、杨才军演示，邓德林、李辉拍摄，教材由何文多统稿修改并定稿。在编写过程中，本书大量借鉴了有关防暴与战术相关的专著和资料，已在参考文献中注明，在此一并表示感谢！由于编写水平有限，书中难免有不妥之处，敬请批评指正！

编　者

2017 年 10 月

目 录
Contents

第 一 章

概 论

一、警察防暴与战术技能定义

防暴与战术是指警察在执行职务中，对涉及人身安全或群体突发事件的违法行为，运用一定的强制手段，保证执法任务完成的方法和策略。它是人民警察在执行警务行动中的谋略方法和指挥艺术，是指导警察完成各种警务行动的正确、有效的方法。警察战术源于军事战术，发展于司法实践，受法律的制约，是犯罪与制服犯罪矛盾斗争的产物，是一门综合性很强的应用型学科。这里的强制手段包括警察为预防、制止违法犯罪行为而对罪犯嫌疑人所采取的语言控制、徒手控制、警械具、武器等武力控制手段。因此，防暴与战术技能包括了：执法过程中的方法和策略、语言控制技术、徒手控制技术、警械具使用、武器的使用、防暴技能等多方面内容。从学科的角度它覆盖了法学、心理学、谋略学、体育学、警务技能等学科。从谋略的角度分析警务战术，包括以下四个方面：

第一，战术的合法性。人民警察履行职务是执法行为，必须是依法行动，绝对不允许出现违法行为，严防滥用武力和过度使用武力。

第二，战术的安全性。人民警察在战术运用的过程中，应该有效地进行评估，将突发事件发生的起因、人员、地点、环境等情况作为战术制定的主要依据，做到对危险点的有效控制，最大限度地避免和化解可能面临的险情，从而最大限度地保护自己和他人；一旦冲突发生，警察也能运用有效的手段对嫌疑人实施控制，有效避免更大事故的发生。

第三，战术的合理性。人民警察在执行任务的过程中，对于一些手段使用的时机、程度等问题还要根据当时的现实情况来处理，做到合理、有序。如嫌疑人在闹事时，要对顽抗者、中途放弃者、无关者区别对待，同时也要保证干警自身的安全，杜绝个人英雄主义。

第四，战术的有效性。主要是指人民警察在完成任务的前提下，将投入减到最小，避免无谓的人员伤亡。

二、研究对象和行动特点

防暴与战术行动是人民警察执法行为的重要环节，是以人民警察在执行警务活动中的理论与实践为研究对象，是法律赋予警察的权力，是对警察的单兵作战和协同作战能力的综合考验。警察的单兵作战能力也是体现整体实力的基础，由于警察的职业范围及工作性质决定了他的分散性单兵作战特点，因此人民警察必须具备较全面的专业技能和战术水平，才能在小组作战时，在指挥员的统一指挥下，与队友协同配合，形成"1＋1＞2"的整体攻势，充分压倒犯罪势力。由于其特殊的职业性质，防暴与战术行动表现为以下五个方面的特点：高度的对抗性、较强的针对性、严格的保密性、情报与物资的依赖性和战术方案的多变性与可行性。

（一）高度的对抗性

战术本身就源于对抗，在对抗中生存、演化和发展，是一种对抗性很强的斗智活动。斗智活动的焦点，集中在对抗双方相互间的攻防上，集中在相互寻找对方的弱点，制造对自己有利而对对方不利的态势，并千方百计让对方犯错误上。运用战术的目的，就是要陷对方于被动，同时实现自己的企图，取得斗争的彻底胜利。为达到这一目的，对抗双方都会采用各种手段随机应变，打乱和破坏对方的企图，保护自己的利益。谁能在这种对抗的较量中取得优势，谁就能谋取最大利益。

就警察执法行为的缉捕行动而言，人民警察对违法犯罪分子所采取的搜查抓捕行为，本身就存在着缉捕与反缉捕的对抗过程。在缉捕与反缉捕对立双方的大的对抗中，必然产生斗智、斗勇的过程和行为表现。缉捕者要千方百计地摸清缉捕对象的情况，找出其存在的弱点，把握住有效的突破口，并利用计谋，诱其暴露弱点、露出破绽，从而使其很快陷入被动境地。缉捕警察则应乘势把握有利战机，采取机动灵活的战术，向缉捕对象发起行动攻势。然而，由于对抗双方均想达到自己的企图，以维护自身的利益，有时会发生激烈的对抗，特别对于那些严重暴力性犯罪分子的缉捕行动更能体现出强烈的对抗性特点。同时，在这种强烈的对抗中，谁能合理地运用战术，把握住战局的主动性，谁就能成为对抗的优胜者。

（二）较强的针对性

防暴与战术的应用对象和时机不能有任何随意性的成分，它总是针对特定的对象，总是要有合适的时机。例如：针对涉枪、涉爆案件的战术，就不能按一般的突发事件制定；用在此时的战术，就不能运用于彼时。成功的手段之所以能克敌制胜，根本的原因在于它能针对特殊的对象，发现特殊的规律或弱点，利用特殊的地形或条件，在特殊的时机，采用特殊的战术方式以达到自己的企图和目的。即便有了好的战术，设计出好的战术方案，但未考虑到情况的变化、运用对象或运用时机不当，也难以收到预期的效果。

缉捕行动中的战术运用同样要分析和研究缉捕对象，对不同的缉捕对象应采取不同的对策。人民警察所执行的缉捕行动总是有其特定的对象，并寻求有利的缉捕时机，决不能漫无目的地制定战术。要使制定的战术方案切实可行、战术方法运用合理、战术指挥正确无误，就必须针对不同的案件、不同的缉捕对象进行个案分析，做到有的放矢。例如：针对武装劫持人质的犯罪分子的缉捕行动，就不能运用一般性刑事犯罪分子的缉捕战术来处置。针对不同的缉捕对象，发现其特有的弱点，摸清其行动规律，利用缉捕时有利的环境条件、气候以及有利于行动的地形、地物等，并充分利用缉捕对象松懈之机，采取战术行动来实现缉捕目的。因此，对缉捕目标所采取行动的准确的针对性，以及切实可行的战术方案、有利的战机，加上灵活机智的战术是完成缉捕行动的必要条件。

（三）严格的保密性

由于防暴与战术具有高度的对抗性，所以在应用战术时，就要强调严格保密。"密"则胜、"露"则败，这已是被无数战例证明了的真理。在具体的战术应用中，一切行动都要严格保密。情况资料、行动计划等都属于绝密范畴，是取得战斗胜利的基本保证。如果行动不密或事先惊动了缉捕对象，就会引起对象的警惕，使他们从无备的心理状态迅速转入积极防卫的心理状态，并使其有可能进行有效的反抗或使其占先机之利而逃窜。而我们由于行动不秘密，就会自然丧失行动的突然性，增大工作的难度，造成不必要的物质损失和人员伤亡。

缉捕行动采取的战术要有绝对的保密措施。使缉捕对象无法确定我方的行动计划，使之在不知的状态下，缉捕警察以迅雷不及掩耳之势，乘敌不备，攻敌以措手不及。这些保密行动的内容，包括战术方案、行动时间、取得的情报资料等，都是绝对保密的，决不能有半点漏洞，这也是取胜对手的基本保证。若我们的保密工作做得不够，被缉捕对象窃取了有关情报，使其掌握了我们的行动时间、警力部署，摸到了我们的行动计划，就会使其无备的心理状态立即转变成积极的防御抵抗行为或抢在警察的缉捕行动之前潜逃，或做好了顽抗到底的准备，必然会给我们的缉捕行动带来极大的难度，甚至使战术计划落空或导致行动失败。

（四）情报与物质的依赖性

防暴与战术的对象是全方位的，既有打击犯罪、维护社会稳定的任务，也有服务社会、救助公民的义务。而无论从哪个角度讲，警察战术都具有强烈的物质依赖性。首先，对情报的依赖性。准确、可靠、及时的情报是成功运用战术的前提，没有情报，战术的组织和实施就无法进行；即使有一些情报，但不全面或不准确，也会给战术行动的组织、实施造成相当大的困难，甚至导致整个行动失败。因此，灵通的消息、及时准确的情报是战术运用成功的关键，通过各种侦查手段了解缉捕对象的基本情况，摸清敌情，才能有针对性地制订战术行动方案，并有效地运用战术去战胜犯罪分子。

反之，若消息不灵、情报不准或不及时，都会影响战术方案的制定。情报不准、消息不灵，使我们对缉捕对象处于不知的被动状态，只是凭借知之不多的敌情匆忙上阵，盲目行动必然会导致行动受挫、警力受损。其次，对实施战术必备物质的依赖性。如通信工具、交通工具、武器弹药、专用装置等。离开了这些"硬件"的支持，再好的战术也不可能获得应有的效果。

（五）战术方案的多变性与可行性

在警务行动中，战术方案的实施，经常会遇到瞬息万变的情况，警察的战术行动必须随时按照缉捕对象的活动不断变化。情况一有变化，战术设计、战斗部署、战术行动均要随之变化。因此，当情况出现了变化，要有不断变更或修正的决心，不断重新设计战术方案，不断重新调配和部署警力就显得尤为重要。在实战中因情施变、抢先施变、占先机之利，乃是获得战斗胜利的重要条件，这也是警察战术的本质特点之一。

切实可行的战术方案依赖于准确及时的情报信息，也为战术行动的实施与任务的完成奠定了基础。只有战术方案的切实可行才能使指挥员定下行动的决心，展开有效的战术行动。然而，每一战术方案的制定都不是单一不变的，由于敌情的变化有时是不确定的，缉捕对象每时每刻也在与警察斗智用谋，有时会发生意想不到的突发状况。因此，我们在制订战术方案时要充分估计到可能出现的变故，有针对性地制定出多套方案以备突变时有选择的余地，确保战术方案的可行性。

三、防暴与战术原则

防暴与战术原则是反映战斗活动规律的基本法则，是一切战斗行动的依据和指南。也是警察行动中战术运用的规律和基本准则，是战术的依据。

（一）快速反应原则

人民警察处置突发事件要突出一个"快"字，信息上报快，部署控制快。针对突发事件都有预案，也形成了机制，因此信息上报快没什么问题，重点体现在部署控制快。部署控制快主要体现在警力的机动速度和战斗反应速度，同时"快"也体现在对方情况变化了，我们警察的处置方法也随之跟进。因为对方情况可能随时变化，我方要因时、因地制宜，快速制定新的战术方法，正确应对突变状况。

（二）安全理念原则

这里的安全是包括干警、群众、嫌疑人的人身安全以及个人、国家的财产安全。首先，警察只有保护好自身安全，才有能力保护群众的人身安全和国家财产安全；其次，作为犯罪嫌疑人或者罪犯也应该有他的生命权利，非不得已的情况，我们应使其受到的伤害降到最小。因此警察在行动中不能蛮干、硬干，战术制定要合理有效。

（三）人员和装备优势原则

随着近些年我国经济的发展，人民警察警力逐渐增多，装备也得到了大幅度提升。因此在抵近案发现场时，如果人员不够，可以对话控制，等援兵到达以后再采取强制行动，这样就有效避免了警察不必要的伤亡。在实施控制时警察应该合理使用装备，包括辣椒水、警棍、盾牌、防爆枪支以及其他现代化装备等，避免过快与罪犯零距离接触，充分展现警察有对方无法比拟的装备优势。

（四）武力使用等级和加一原则

在法律赋予警察有行使武力的权力时，又限制了武力使用的范围和等级。警察使用武力的目的是有力地制止犯罪，有效地控制罪犯，否则，将不能有效履行人民警察的职责或因滥用暴力而面临法律的制裁。因此人民警察必须十分了解武力的等级和对应的武力使用规则，在法律、法规授权的范围内采取相应的强制措施。从一线的执法过程中可以总结出以下五种常见的武力层次和武力应对等级：

1. 心理抵触

心理抵触是指嫌犯可能基于多种因素，在没有使用言语抗拒的情况下，而只是在心理上有反抗之意，在态度上表现出抵触的情绪，对人民警察表现出心理抵触之倾向，人民警察可以通过口头劝告、说服教育达到目的。

2. 语言抗拒

语言抗拒是指嫌犯对于人民警察的执法行为极其不满和不服，口头表达不服从，用恶言顶嘴对抗或威胁，人民警察可在语言控制和警告的同时，加强思想戒备并寻求其他民警的支援。

3. 被动抵抗

被动抵抗是指嫌犯以身体行为阻碍人民警察的执法活动，但其程度尚未危及任何人。人民警察可在保证数量优势的前提下使用徒手控制动作，比如：压点控制、小关节控制等技术动作来向罪犯施压，但是一定要把握好用力的分寸，强行将嫌犯带离指定地点。

4. 阻力抵抗

阻力抵抗是指罪犯以实质行动（带有攻击性的动作）抗拒人民警察的控制，其行为可能导致自己或周围人员的受伤。在此情况下人民警察可以使用胡椒喷剂或警棍进行反击控制。

5. 武力攻击

武力攻击是指嫌犯持械或持其他危险品实施暴力行为，嫌犯的主观意志是故意攻击人民警察或周围人员，欲致人民警察或他人重伤害或死亡，从而达到劫持或逃离的目的。面对嫌犯的致命攻击，人民警察如果有足够的反应时间，应在给予警告的同时做好报告上级使用致命武器的准备，如果情况急迫，可使用一切可以使用的武力予以控制。

加一原则指的是随时要根据对方反抗加强而准备武力升级，因此在行动的时候要随时做好戒备，仔细观察对方情况的改变。

（五）协同作战原则

在应对某些突发情况时，我们不缺警力，但缺乏相互之间配合的默契。这里的协同有广义和狭义之分。狭义的协同作战是指小组协同作战，也就是小组警察之间的配合。如果没有良好的配合就会使武力使用造成重叠，对自身和嫌犯的伤亡都不能很好地把握，造成不必要伤亡或直接导致行动失败。当然小组协同作战是需要训练的，并非一蹴而就。广义的协同作战不是局限于一个战术小队，还包括多部门、多警种、指挥等方面。具体表现为统一作战意图、统一指挥、统一部署，并根据不同的分工相互协调保质保量完成各自的任务。

（六）灵活多变的原则

在突发事件或群体事件的处理过程中，案情多数是在一个动态的过程中发展，因此最初制定的战术方案不是一成不变的，而是根据不同情形来进行重新评估、重新制定。这种变化的战术，有时采取敌变我变，有时则采取敌变我不变，即虚而虚之、虚而实之、虚虚实实、以假乱真，使敌虚实难测、真伪难辨。扰其视听，乱其阵脚，我则乘虚而入，夺取胜利。

（七）有的放矢原则

知己知彼、有的放矢，是制定和运用战术的核心。只有了解对手的情况又清楚自身的条件，才能做到胸中有数，才会有目的、有针对性地去制订切实可行的战术方案，合理有效地部署警力。当然，要完全做到知己知彼、有的放矢，还应分析地形、友邻、环境条件、气候等因素，这也是制定战术方案的必备要素。确定了战术方案的目标，通过信息情报摸清了敌情，并掌握了缉捕行动中所处的环境条件（包括地形地物）以及气候变化，本着超量估敌、适量用兵的原则制定出战术行动方案，使之具有较强针对性。

四、防暴与战术的方法与指挥

防暴与战术方法是运用战术指导行动的方法，包括单兵战术运用方法和战术协同方法。这两种战术方法是完成战术行动的主体内容，其具体的实施方法包括盘查、搜索、跟踪、围堵拦截、缉捕、押解等战术方法。而这些战术方法的实施运用都有一定的条件和规定，不同的对象、不同的条件应采取不同的战术方法，从而做到"量体裁衣""看客下菜"，使战术方法运用准确，切中要害，发挥其关键作用。

防暴与战术指挥是警察战术的核心，缉捕行动的成败关键。它是集中搜索信息情报、分析制订战术方案的主体因素，也是组织制订战术方案、协调各方关系、合理部署警力、落实行动计划、完成指挥任务的重要条件。

防暴与战术指挥由落实战术计划和基本指挥形式两部分组成：

（一）落实战术行动计划

从受领任务开始，指挥员就要根据受领任务的目的，组织获取有关情报、分析案情、制定战术方案、组成参战队伍、落实装备、定下战术决心、实施警力部署、确定行动时间与攻击顺序、落实行动保障、确定指挥联络信号与通信工具。每一步骤都要进行监督、检查、落实到位，确保行动计划周密实施，完美无误。

（二）战术指挥形式

指挥员在实施指挥过程中，可采用多种多样的指挥形式，但无论什么样的指挥形式，都必须使受领者——参战警员领会指挥意图，便于指挥的发出与接受，并具备一定的隐秘性，从而达到指令通达、意图明确、组织协调。基本的指挥形式有以下三种：

1. 直接口令性指挥

这是临阵指挥员在条件便利的情况下所采取的直接指挥形式。其特点是指挥意图明确，便于执行者接受，并可直接监督执行情况。

2. 利用通信工具指挥

这种指挥多应用于大的联合缉捕行动，或无法实施直接联合性指挥的情况下，利用通信工具，如手机、对讲机、寻呼机等进行指挥。特殊情况下还应设定暗语，例如：微服跟踪，候补或打入犯罪团伙内部，进行里应外合的里外联络指挥等。无法用直接的指挥语言，只能根据具体条件确定指挥暗语，以确保指挥的隐秘效果。

3. 信号指挥

这种指挥形式是在上述两种形式都无法实施的情况下采取的一种暗号指挥形式。例如：利用光亮、信号旗等向战斗小组发出指挥命令。这种指挥形式的隐秘性更强，不易被对手发现，但是必须在战前进行演练，使发、接信号的双方统一认识，明确意图，使指令得到准确通达。一旦一方失误就会使行动受损，导致失败的后果。因此，信号指挥必须认真仔细，反复演练，不能出任何差错。

五、防暴与战术的任务及其研究原则

（一）警察战术的基本任务

警察战术的基本任务是有其性质所决定的。它对增强执法行动的思想性、准确性、经济性，提高成功率，减少伤亡和降低损失起着重要作用，具体任务体现在以下几个方面：

第一，把警察战术的谋略思想渗透到执法行动中去，使警务活动的各种技术得到充分的发挥，使执法对策内容更加丰富，行动方案更为切实可行，大大提高成功率，降低代价的付出，减少损失，最大限度地避免伤亡。

第二，提高指挥员的谋略水平和指挥艺术，避免盲目性，强化警察的单兵战术运用能力和整体协同，使警察的整体作战能力提高到一个新的水平。

第三，加速警察执法行动的现代化进程。战术的运用促进了现代化科技的投入与运用，并使现代科技在执法行动中发挥更大威力，适应不断发展变化的社会治安形势和对敌斗争需要。

（二）防暴与战术研究原则

1. 理论与实践相结合的原则

防暴与战术理论与其他科学理论一样，来源于科学的实践，要想使科学的理论发挥其巨大的能量，就必须将其运用到实践中去，去指导实践，真正与实践相结合，并在实践中发挥其应有的作用。因此，在战术研究问题上，首先要学习和掌握各种优秀的战术理论，包括古今中外的理论精华，形成独具特色的警察战术理论。然后将这种战术理论运用到执法行动实践中去反复验证，从而形成完美的战术学科体系。

2. 特点与发展并重的原则

不同的案件存在着不同的特点，不同的地域环境，不同的犯罪分子，其犯罪特点也不尽相同。因此，在战术运用过程中，必须将这些富有特点的外部因素考虑细致并加以认真分析。另外，不同性质的案件，如盗窃犯罪、抢劫犯罪、劫持人质、聚众斗殴、走私贩毒等犯罪案件各有其特点。即使是同一类的犯罪，由于作案人的情况不同，如初犯、累犯、惯犯等其犯罪过程及逃避打击的心理有很大差异。因此，在制定战术方案、落实行动计划及实施战术指挥等过程中，必须突出重点，充分考虑到每次行动的对手特点，不能千篇一律。

防暴与战术要发展还必须研究战术的整体发展规律，提高其普遍性的指导作用，逐渐适应全方位的行动要求，使其得到全面健康的发展，扩大适应性，减少局限性。总之，要使防暴与战术得以发展和提高，必须大力发展战术依赖的警用科技。先进的战术方法是依靠先进的技术来实现的。因此，加强警用科技的发展，包括各种先进的武器装备、通信设备、交通工具以及各种先进的警用器械等，是保证警察战术发展的前提和基础。

第 二 章

单警战术基础动作

　　单警战术基础动作是战术基础动作的一部分，战术基础动作是战术思想的具体体现，它指的是人民警察运用战术思想在执勤、执法活动时，所需要掌握的个人技术基础动作，是单个警察在实施查缉战斗行动中常用的基础战术动作的总称，也是小组以上战术及战术协同的基础。其内容包括：徒手和持警械、武器的各种动作。熟练掌握并灵活运用单警技术动作是安全执法的保障，也能在小组协同作战中起到事半功倍的效果。加强战术基础动作训练，只有在正确的战术思想指导下，与实战相结合，与练体能、练技能、练作风相结合，才能把战术练精、练活；才能全面提高民警的综合素质，使民警达到临战不慌、遇险不乱的境界。

第一节　徒手戒备式

　　安全距离、掩护物、戒备被称为警察的"防身三宝"，大量事实证明，由于警察的疏忽、轻敌等导致了血案的发生。合理有效的戒备能大量地减少警察执法时伤亡的出现。戒备通常包含两种含义：一是思想上的警觉和防卫心理；二是动作上的防卫和行动准备。其中，行动的准备包括徒手准备和法律赋予人民警察的强制措施工具，强制措施工具主要有"枪"和"警械"。因此，学习各种戒备式在提升警察单兵动作中具有非常重要的分量。本节对警察运用徒手武力等级由低到高所采用的戒备式依次讲解学习，戒备层度也依次由低到高。依次为：搭手戒备——抓带戒备——扶械戒备——提单手戒备——提双手戒备。

一、搭手戒备

　　搭手戒备为警察徒手戒备式中警戒层度最低的姿势，通常在嫌疑人无危险时采用。
　　动作要领：警察在立正姿势的基础上，右脚向右后方撤步，同时左手抓握右手腕，右小臂内侧紧贴小腹，身体以左侧面朝前。如图（2-1，2-2）。

图 2 - 1   图 2 - 2

动作要求：两脚之间的宽度约与肩同宽，两腿微曲，以舒适为宜，两肩放松，表情自然，两眼注视嫌疑人，随时准备提升自己的戒备姿势或者做出相应的反击。

二、抓带戒备

抓带戒备为警察徒手戒备式中警戒层度次低的姿势，通常在嫌疑人危险较小时采用。

动作要领：警察在立正姿势的基础上，右脚向右后方撤步，同时双手抓握住警察单警装备悬挂的外腰带，身体以左侧面朝前。如图（2 - 3）。

图 2 - 3

动作要求：两脚之间的宽度约与肩同宽，两腿微曲，以舒适为宜，两肩放松，表情自然，两眼注视嫌疑人，随时准备提升自己的戒备姿势或者做出相应的反击。

三、扶械戒备

扶械戒备为警察徒手戒备式中较高的戒备状态，通常在嫌疑人对抗层度较高时采用。

动作要领：警察在立正姿势的基础上，右脚向右后方撤步，同时左手扶住外腰带，或者左侧的辣椒水容器，右手扶握在右侧警棍上，身体以左侧面朝前。如图（2-4）。

图2-4

动作要求：两脚之间的宽度约与肩同宽，两腿微曲，以舒适为宜，两肩放松，表情自然，两眼注视嫌疑人，根据嫌疑人所表现出的对抗层度，随时准备拿出警棍或者辣椒水戒备、攻击等。

四、提单手戒备

提单手戒备为警察徒手戒备式中较高的戒备状态，通常在嫌疑人对抗层度较高或者有向警察逼近意图时采用。

动作要领：警察在立正姿势的基础上，右脚向右后方撤步，同时左手在体前提起，掌心斜朝下，肘关节下沉，右手扶握在右侧警棍上，身体以左侧面朝前。如图（2-5）。

图 2－5

动作要求：两脚之间的宽度约与肩同宽，两腿微曲，以舒适为宜，两肩放松，表情自然，两眼注视嫌疑人，根据嫌疑人的对抗方式，随时准备用左手阻止对方靠近，或者右手拿出警棍或者辣椒水戒备、攻击等。

五、提双手戒备

提双手戒备为警察徒手戒备式中最高的戒备状态，通常在嫌疑人对抗层度高，或者有不断逼近并试图侵犯警察的动作但无暴力倾向时采用。

动作要领：警察在立正姿势的基础上，右脚向右后方撤步，同时双手在体前提起，左手在前，右手在后，双手掌心斜朝下，肘关节下沉，双手可做上下微微的摆动，身体以左侧面朝前。如图（2－6，2－7）。

图 2－6   图 2－7

动作要求：两脚之间的宽度约与肩同宽，两腿微曲，以舒适为宜，两肩放松，表情自然，两眼注视嫌疑人，根据嫌疑人的对抗方式，随时准备用双手阻止对方靠近，或使用徒手控制技术将其制服，或者使用警械具武器攻击等。

第二节　持枪戒备式

枪械戒备是指警察在执法过程中，面对危害他人生命安全、财产安全、警察安全和违法犯罪嫌疑人自伤、自残的情况，使用枪支武器而采取的相对应的防范和应对措施。警察出枪要依据《人民警察使用警械和武器条例》，并根据现场的环境和违法犯罪嫌疑人的具体情况，采用不同的戒备式来应对嫌疑人突发性的动作，从而达到预防和制止违法犯罪的目的。

一、出枪、持枪、收枪

1. 出枪

出枪是指警察将枪从枪套内掏出的过程，以达到出枪戒备或者击发的目的。此过程要求警察熟悉自己的枪套结构，尽量能够双眼平视前方，用单手快速完成。如图（2-8，2-9，2-10）。

 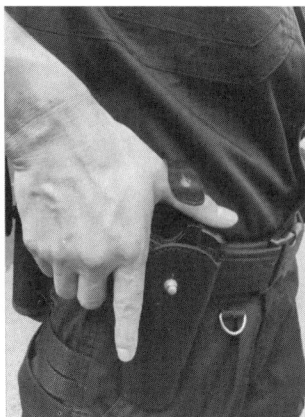 

图2-8　　　　　　　图2-9　　　　　　　图2-10

2. 持枪

持枪指的是出枪之后对枪的持握方法，通常姿势是两脚前后站立，并配合各种戒备式来完成。由于大多数人利手为右手，下面以利手为右手说明动作要领，反之亦然。

动作要领：两脚前后开立，重心在两脚之间，右手虎口向前，大拇指与中指、无名指、小拇指形成合力握住枪把，食指自然伸直微贴扳机护圈；左手轻轻包覆右手中指、无名指、小拇指的指节，大拇指自然伸直，指尖朝前，在手枪握把处形成小重合。如图（2-11，2-12，2-13）。

图 2-11　　　　　　　　图 2-12　　　　　　　　图 2-13

3. 收枪

收枪是指警察将枪放入枪套的过程，在危险解除或者枪支使用完毕时使用。此过程要求警察熟悉自己的枪套结构，尽量能够双眼平视前方，用单手或者双手快速完成。如图（2-14，2-15，2-16）。

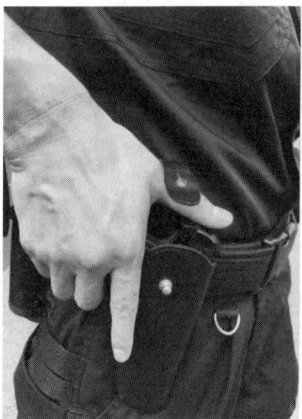  

图 2-14　　　　　　　　图 2-15　　　　　　　　图 2-16

二、持枪戒备式

警察到达执法现场时，应根据危险情况分析，采用相应持枪戒备式，以应对随时出现的危机，各种戒备式具有不同的特点和应用场合，由于现场执法状况的多变性，警察应熟练掌握各种戒备式之间的转换动作。

1. 低式戒备

此戒备式通常适用于宽阔且地上无障碍的地方，如在平地、道路空旷地盘查、搜索或接近犯罪人员时使用。

动作要领：在双手持枪的基础上，手臂自然伸直，枪口指向身体前斜下方，距离脚前 1 米~2 米，两眼注视目标区域，随时准备抬高手臂射击。如图（2-17）。

图 2-17

2. 高式戒备

此姿势适合在极其狭窄的地方使用，如在楼道搜索时，或在居民住宅楼的房间内进行战术行动等。

动作要领：双手持枪握于胸前，肘关节弯曲自然下垂，枪支与面部保持约 30 厘米的距离，使枪口低于平视视线指向斜前上方，两眼注视目标区域，根据现场情况，两臂随时伸直实施射击。如图（2-18）。

图 2-18

3. 双手腰间戒备

此姿势适合在人群中使用，可加强对枪支的防护，防止枪支被抢夺；或者在接近嫌疑人、准备搜身或抓捕时使用。

动作要领：双手持枪曲臂将枪收置右腰侧，右手腕紧贴腰部，使枪口平正并指向目标区域。在身体转动的同时，枪口也随时进行转动。如图（2-19，2-20）。

图 2-19   图 2-20

4. 单手腰间戒备

此姿势适用于极其狭窄的地方，左手可做开门、推物体或将突然近身的目标推开等动作。

动作要领：在双手腰间戒备的基础上，左手平伸向前推开，掌心朝前。如图（2-

21，2 - 22）。

图 2 - 21　　　　　　　　图 2 - 22

5. 平肩戒备

此戒备式适用于案发现场具有高度危险的情况下，随时可能射击。但此姿势若长时间保持，上肢肌肉容易疲倦，故危险一旦解除或者降低，就应该配合其他戒备式转换使用。

动作要领：双手持枪自然前伸，两臂高度约与肩平，使枪面保持平正并指向危险区域，两眼注视前方，遇到危险情况可直接射击。如图（2 - 23，2 - 24，2 - 25）。

图 2 - 23　　　　　　图 2 - 24　　　　　　图 2 - 25

第三节 持枪移动

持枪移动是警察单警战术基础动作的重要部分，它既是作战的基本功，也是作战的核心内容之一。警察在接敌过程中，持枪移动是在小组协同作战时经常运用的动作。警察在持枪运动时，由于身体始终处于不停起伏变化的状态，并且在剧烈运动过程中，还会造成呼吸急促、肌肉紧张颤抖等现象，从而影响到据枪动作的稳定性和瞄准击发的准确性。警察在各种复杂的环境状态下，如掩护物的高低不等、危险状况紧急等，选择合理的移动方式和路线显得至关重要。本节会介绍多种持枪移动方法，期望对降低身体起伏、提高据枪稳定性，合理保护好民警起到有效的作用。

一、直身前进

直身前进是在距缉捕目标较远，地形隐蔽，缉捕目标很难被观察、射击到时采用的接敌动作。

动作要领：目视前方，右手持枪大步或快步前进。如图（2-26，2-27，2-28，2-29，2-30，2-31）。

图2-26　　　　　　　图2-27　　　　　　　图2-28

图 2-29　　　　　　　　图 2-30　　　　　　　　图 2-31

二、屈身前进

屈身前进，是在遮蔽物略低于人体时采用的接敌动作。

动作要领：右手或双手持枪按照高式或者低式戒备时的据枪要求，保持枪的稳定性，目视前方，上体前倾，两腿弯曲，使头部低于遮蔽物顶端，大步或快步前进。如图（2-32，2-33，2-34）。

图 2-32　　　　　　　　图 2-33　　　　　　　　图 2-34

三、持枪卧倒与起立

（一）卧倒

卧倒是在地形平坦或遮蔽物较低的情况下，隐蔽身体或者观察射击时常用的姿势。卧倒动作既可以向前迈一步卧倒，也可以向后撤一步卧倒，既可以动左脚卧倒，也可以动右脚卧倒。

动作要领：在立正的基础上，出枪成高式戒备，之后左脚（右脚）向卧倒方向迈出一大步，成前弓步，身体前倾，两眼注视前方，左手顺前脚方向伸出，掌心向下，右手高式据枪，按照左手、左膝、右膝、右肘（左膝、左手、右膝、右肘）的顺序依次落地，两脚自然分开约与肩同宽，右手迅速出枪，左手接握，成卧射姿势。若前方地形受限，也可改为左脚或者右脚向后撤步成弓步，依次完成上述动作。如图（2－35，2－36，2－37，2－38，2－39）。

图 2－35

图 2－36

图 2－37

图 2－38

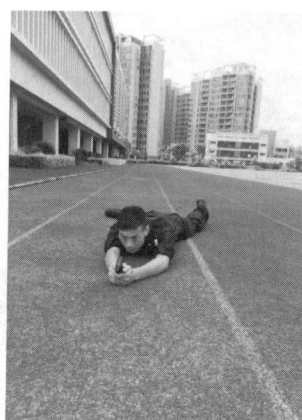
图 2－39

（二）起立

动作要领：

方法一：起立时，身体迅速向右转体，曲左腿于右腿下，左手收至左胸前下方，右手单手持枪继续指向危险点，以左手、左膝的支撑力将身体撑起，之后出右脚向前上步，左脚直立跟步，左手接握右手成立姿射击式，收枪还原成立正姿势。

方法二：起立时，右脚迅速弯曲，以左手、右膝的支撑力将身体撑起，之后左脚向前上步，右脚直立跟步，左手接握右手成立姿射击式，收枪还原成立正姿势。如图（2-40，2-41，2-42，2-43）。

图2-40

图2-41

图2-42

图2-43

四、匍匐前进

匍匐前进通常是在缉捕目标火力威胁下，利用较低的遮蔽物前进时采用的接敌动作。根据遮蔽物的高低，可分为低姿匍匐、高姿匍匐、侧身匍匐。

（一）低姿匍匐

低姿匍匐是在遮蔽物低于40厘米时采用的接敌动作。

动作要领：在卧倒的基础上，可右手持枪，右小臂内侧着地，枪口指向左前方，腹部贴于地面，曲回右腿，伸出左手，以右脚内侧的蹬力和左手的扒力使身体前移。在移动的同时，屈回左腿，伸出右手，用左脚内侧的蹬力和右手的扒力使身体前移，依次交替前进。如图（2－44，2－45，2－46，2－47）。

图2－44

图2－45

图2－46

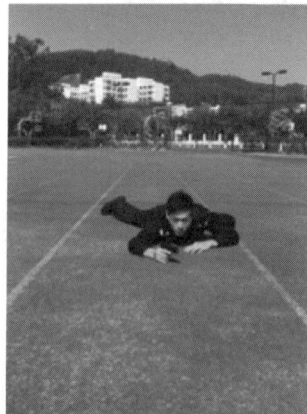

图2－47

（二）高姿匍匐

高姿匍匐是在遮蔽物高约 60 厘米时采用的接敌动作。

动作要领：右手持枪，枪口指向左前方，抬头观察前行方向，用两小臂和两膝支撑身体，手脚交替前进。如图（2－48，2－49，2－50）。

图 2 – 48　　　　　　　图 2 – 49　　　　　　　图 2 – 50

（三）侧身匍匐

侧身匍匐是在遮蔽物高约 60 厘米或以上时采用的接敌动作。

动作要领：右手持枪在距离头部 20 厘米右上方处或者直臂指向前行方向，身体左侧及左小臂或者左手掌着地，左大臂向前倾斜支撑身体，左腿弯曲，右腿收回，右腿靠近臀部着地，用左臂的支撑力和右脚掌的蹬力使身体前移。如图（2 – 51，2 – 52，2 – 53，2 – 54）。

图 2 – 51　　　　　　　　　　图 2 – 52

图2-53　　　　　　　　　　　图2-54

五、滚进

滚进通常是在为避开对方的观察、射击而左右移动的接敌动作。

动作要领：在卧倒的基础上，两腿并拢或者交叉，两手伸直合拢将枪握稳，向左或者向右滚进，当再次俯卧时，可随时恢复卧姿射击姿势。如图（2-55，2-56，2-57，2-58，2-59，2-60）。

图2-55　　　　　　　　图2-56　　　　　　　　图2-57

图 2 - 58　　　　　　　图 2 - 59　　　　　　　图 2 - 60

六、侧滚翻

侧滚翻通常是在为避开敌方火力射击快速抢占下一掩护物时，或前进中需短停顿射击时采用的接敌动作。

动作要领：在立姿双手据枪射击动作的基础上，左腿弯曲，上体前倾微向右转，左小臂弯曲上举护头手，低头团身顺势向前侧滚动，按左小臂、左肩、背、臀、右膝、左脚掌顺序依次落地，左脚在前，成跪姿双手据枪射击姿势。如图（2 - 61，2 - 62，2 - 63，2 - 64，2 - 65，2 - 66）。

图 2 - 61　　　　　　　图 2 - 62　　　　　　　图 2 - 63

图2-64   图2-65   图2-66

七、跃进

跃进通常是在缉捕目标火力的威胁下，迅速通过开阔地时采用的运动方法。跃进是分段快速的运动过程，通常由跃起、快跑、卧倒或短停顿射击等动作组成。跃进前，应先观察前方地形，选择好前进路线和暂停位置。跃进时，要做到跃起快、前进快、卧倒快。如卧姿跃起时，可先左、右滚进，以迷惑缉捕目标，再按起立的要领起身并跃起，迅速前进。跃进的距离和速度应根据缉捕目标火力威胁和地形而定。缉捕目标火力威胁越大，地形越开阔，每次跃进的距离应越短、速度应越快；当跃进至暂停位置或缉捕目标火力射击时，应迅速隐蔽或卧倒，并做好射击准备。

八、猫步、滑步

（一）猫步

通常是在距敌较近，用于静默接近目标，或者搜索行动时的身体移动。

动作要领：警察双手持枪，成各种警戒式站立。移动中眼睛观察危险点，身体重心保持平稳，前进时脚跟及外侧落先地过渡到全脚方式落步，后退时脚尖先落地过渡到全脚落地，重心起伏小，身体上下勿发出声响，自然前行或后退。如图（2-67，2-68，2-69）。

图2－67　　　　　　　图2－68　　　　　　　图2－69

（二）滑步

通常用于距敌较近搜索行动时，短距离的位置调整或者在通过拐角时采用的移动方式。

动作要领：警察保持一定的警戒姿势，或者据枪准备射击姿势，眼睛与枪口同时指向危险点，根据实战的需要和环境条件，两脚做前后左右各个方向的滑动，滑动中，身体重心保持平稳，身体姿势保持不变。通过拐角的滑动时，注意脚及身体的其他部位不要超过枪口与拐角的切线，否则会提前暴露目标。如图（2－70，2－71，2－72）。

图2－70　　　　　　　图2－71　　　　　　　图2－72

九、持枪原地转体与行进中转体

（一）持枪原地转体移动

持枪原地转体移动指的是警察到达危险点出枪平肩戒备状态下，双脚自然分开站立，利用腰部的转动、其中一只脚的移动来调整枪口和视线的指向。身体重心要保持稳定，枪口和视线在同一个方向。身体转动的角度可根据现场实际环境决定，本小节以转动90度为例讲解动作要领。

1. 右转进

动作要领：身体躯干部分向右转动的同时，左脚向右前方迈出一步，身体以右前脚掌为轴向右侧转90度，枪口随头部转向右侧。如图（2－73，2－74）。

图2－73　　　　　　　　　　　图2－74

2. 左转进

动作要领：身体躯干部分向左转动的同时，右脚向左前方迈出一步，身体以左前脚掌为轴向左侧转90度，枪口随头部转向左侧。如图（2－75，2－76）。

图2－75　　　　　　　　　　　图2－76

3. 右转退

动作要领：身体躯干部分向右转动的同时，右脚向左后方迈出一步，身体以左前脚掌为轴向右侧转90度，枪口随头部转向右侧。如图（2 – 77，2 – 78）。

图 2 – 77　　　　　　　　　　　　　图 2 – 78

4. 左转退

动作要领：身体躯干部分向左转动的同时，左脚向右后方迈出一步，身体以右前脚掌为轴向左侧转90度，枪口随头部转向左侧。如图（2 – 79，2 – 80）。

图 2 – 79　　　　　　　　　　　　　图 2 – 80

（二）行进中转体

行进中转体是指警察持枪成平肩射击姿势前行时，改变行进方向向左、右、后转身移动的动作。本小节以左右转体90度、向后转体180度为例讲解动作。

1. 持枪前行向左转身

动作要领：双手持枪成实战射击姿势前进，当右脚向前方上步的同时，以右脚尖和左脚掌为轴，身体迅速向左转90度，双手持枪随身体左转平移，重心在两脚之间，而后继续前行。如图（2-81，2-82，2-83）。

图2-81   图2-82   图2-83

2. 持枪前行向右转身

动作要领：双手持枪成实战射击姿势前进时，当左脚向前方上步的同时，以左脚尖和右脚掌为轴，身体迅速向右转90度，双手持枪随身体右转平移，重心在两脚之间，而后继续前行。如图（2-84，2-85，2-86）。

图2-84   图2-85   图2-86

3. 持枪前行向后转身

动作要领：双手持枪成实战射击姿势前进时，当右脚上步时，稍向左前方迈步，以右脚尖和左脚掌为轴，身体迅速向左后转体180度，双手持枪随身体左转时由体前向斜下移动，重心在两脚之间，转体后迅速恢复成平肩射击姿势前行。如图（2-87，2-88，2-89）。

图2-87　　　　　　　　　　图2-88　　　　　　　　　　图2-89

第四节　掩体后的观察技术（观看、切角观察）

一、快速窥视法

快速窥视法指警察在搜索时隐蔽于掩护物后，利用掩护物两侧对掩护物后的危险区域进行快速观察的动作，该动作多于危险点较远、掩护物较宽时采用。

动作要领：在掩体后保持身体平衡的基础上，轻轻移至掩护物边缘，双手上举至体前高度紧贴于掩护物以稳定身体，腰部用力将头迅速伸出掩护物外观察，而后迅速缩回到掩护物后方。身体可采用站姿、蹲姿、跪姿三种姿态。如图（2-90，2-91，2-92）。

图2-90　　　　　　　　　　图2-91　　　　　　　　　　图2-92

观察时应注意的问题：

第一，快速窥视时不要将身体任何部位伸出掩护外。

第二，快速窥视时的动作要快，以能看清犯罪嫌疑人手上的动作为准。

第三，如需要多次窥视时，应不断改变头部伸出掩护物时的高度。

第四，注意光源的方向，应避免身影投向掩护物外的区域。

第五，应避免随身装备与身体、墙体摩擦发出声响。

第六，发现嫌疑人时应及时通报或采取相应措施。

二、切角观察法

切角观察法是一种对建筑物拐角进行观察和搜索的技巧。

动作要领：警察在与掩体保持适当的距离时，成平肩戒备射击姿势，眼睛和枪口在一条直线，眼睛通过拐角边缘观察拐角的另一面，以掩体外侧边缘为轴心，采用滑步渐进的横线圆弧运动，直至将整个拐角切完，隐蔽区域危险排除为止。如图（2-93，2-94）。

图2-93

图2-94

观察时应注意的问题：

第一，脚步要平行移动，身体重心要稳，避免出现突然的失重。

第二，眼睛要不停地改变焦距，以保证没有盲点。

第三，切角移动时应与墙角保持适当的距离。

第四，在切右拐角时，应用右手持横枪，左眼切角观察。

第五，注意身后的光源，不要将身影投向危险区域。

第六，发现嫌疑人时应及时通报或采取相应措施。

三、反光观察法

反光观察法是警察在通过建筑物拐角门、窗时，利用反光物体对隐藏在危险区域的嫌疑人进行观察的一种战术技巧。

动作要领：警察搜索接近拐角、门、窗时，选择适当的条件和隐蔽的角度，将身体紧贴墙面慢慢蹲下，利用随身带的反光物体，如镜子、卡片等；或者利用建筑内的镜子、玻璃、不锈钢制品等，对危险区域进行细致的观察。如图（2－95，2－96）。

 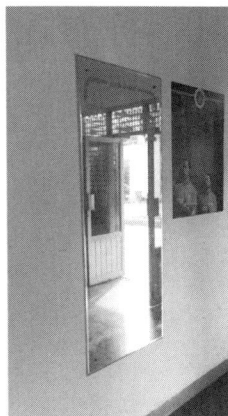

图2－95　　　　　　　　　　　图2－96

观察时应注意的问题：

第一，镜子的反射光不能投向危险区域。

第二，避免自己的影子投向危险区域。

第三，应避免随身装备与身体、墙体摩擦发出声响。

第四，发现嫌疑人时应及时通报或采取相应措施。

第三章

盘 查

盘查是指公安机关的人民警察在执行职务过程中，依法对可能具有违法或犯罪行为的犯罪嫌疑人进行盘问和检查，以发现或确认其是否有违法犯罪行为或具有重大犯罪嫌疑，并及时抓捕嫌疑人的警务活动。是一种防御性的战术行动。它包括对人（盘问、搜身）和对物（包裹、行李）的检查。

第一节　盘查的法律依据

《人民警察法》第 9 条规定："为维护社会治安秩序，公安机关的人民警察对有违法犯罪嫌疑的人员，经出示相应证件，可以当场盘问、检查……"

《刑事诉讼法》第 80 条规定："公安机关对于现行犯或者重大嫌疑分子，如果有下列情形之一的，可以先行拘留：①正在预备犯罪、实行犯罪或者犯罪后及时被发觉的；②被害人或者在场亲眼看见的人指认他犯罪的；③在身边或者住处发现有犯罪证据的；④犯罪后企图自杀、逃跑或者在逃的；⑤有毁灭、伪造证据或者串供可能的；⑥不讲真实姓名、住址，身份不明的；⑦有流窜作案、多次作案、结伙作案重大嫌疑的。"

《刑事诉讼法》第 136 条规定，进行搜查，必须向被搜查人出示搜查证。在执行逮捕、拘留的时候，遇有紧急情况，不另用搜查证也可以进行搜查。

《刑事诉讼法》第 137 条第 1 款规定，在搜查的时候，应当有被搜查人或他的家属、邻居或者其他见证人在场。

《城市人民警察巡逻规定》第 5 条规定："人民警察在巡逻执勤中依法行使以下权力：①盘查有违法嫌疑的人员，检查涉嫌车辆、物品；②查验居民身份证；③对现行犯罪人员、重大犯罪嫌疑人员或者在逃的案犯，可以依法先行拘留或者采取其他强制措施……"

《公安机关办理刑事案件程序规定》第 154 条规定，对犯罪嫌疑人执行拘传、拘留、逮捕、押解过程中，应当依法使用约束性警械。遇有暴力性对抗或者暴力犯罪行为，可以依法使用制服性警械或者武器。

第二节 盘查的特点

一、盘查行动具有较强的针对性和目的性

盘查是人民警察的一项警务工作，盘查警务的实施，一般来说是针对具有明显违法犯罪迹象的目标，但由于犯罪目标善于伪装，因此对于被选定的盘查目标，都应当视其为嫌疑对象，做到严谨、周密；目标是否准确，有赖于通过依法盘问和检查的方法进行验证。盘查首先需要警察通过观察找到对象、找准对象。不能怀疑一切，不搞人人过关，也不可麻痹轻敌，以貌取人，造成工作失误。

二、盘查对象身份和行为的不明确性

警察在执行警务盘查的活动中，盘查对象的身份事先不能确定，具有隐蔽性，警察只能凭借观察分析人员的体貌、行为和携带的物品以及自身的工作经验来确定盘查的嫌疑人，由于犯罪嫌疑人的身份事先不确定，民警不可能一上来就对其采取强制措施，而是通过盘问和检查，弄清人的身份、事的性质、物的来龙去脉，以及被盘查人与他人、他事的关系，抓住目标身上的蛛丝马迹来发现疑点，确认目标的真伪。一旦达到目的，即停止盘查，放行或移交有关部门，或者采取下一步的战术行动（搜身、检查物品、抓捕等），不要纠缠不清。通过相应的盘查战术训练和工作经验的积累，提高警察实施盘查时的各种应变能力。

三、目标嫌疑人反抗行为的不可预期性、多样性

由于盘查对象身份的不明确，如果他确实是犯罪分子或者有重大的犯罪嫌疑，他随时可能逃跑或者袭警拒捕。其反抗行为的时间、空间几乎完全由其自己掌握着，具有突然性、不可预期性。反抗行为方式呈现出多样性，如拳打、脚踢、掏取凶器行凶、捡拾地上的物件攻击警察、抢夺警察的武器、转身逃跑等，而且这些反抗行为在顺序上和形式上都没有固定的模式。因此，这就要求民警应该具备对付各种反抗行为的能力和处置经验，根据盘查对象的反抗行为来采取相应的措施。

盘查是手段，不是目的，通过对盘查的特点分析可以看出，盘查行动实际上是一种防御性的战术行动，是以防为主，不能只考虑站位、盘问、检查等行为，要结合盘查时的突发情况设计方案，例如缉捕，这样整个盘查战术方案才能更完善、有效，一旦盘查转变为缉捕，就不至于措手不及。我们应结合"防"和"缉捕"来进行有的放矢的研究、设计和布置战术行动方案，并按方案实施训练。

第三节　盘查的基本程序与方法

盘查程序应根据实际情况分析选择具体的操作过程，结合盘查的特点归纳总结为通用的七个步骤，依次为：发现疑犯——评估危险——接近疑犯——截停疑犯——表明身份——盘问检查——盘查处置。实际运用过程应根据盘查对象的具体情况，选择合适方法，达到每个步骤都能合情合理地发挥。熟练掌握每个步骤的特点、方法及要求，以便在开展盘查工作时做到游刃有余。

一、发现疑犯

发现疑犯指的是嫌疑人的确定，在盘查警务活动中，嫌疑人的情况是比较复杂的，他可能是触犯刑律的犯罪分子，也可能是违反治安法规的人，还可能是因误会和错觉而受牵连的群众。警察除了对正在实施违法、犯罪行为人执行询问、缉捕之外，还必须将有以下行为特征的人员列入盘查范围之内。

1. 身份可疑的人

如身份证与本人不相符的人，持几个身份证或身份证明信的人，身份与语言行为举止、穿着气质、携带物品有矛盾的人。

2. 行为可疑的人

如有异常表情或异常行为在人群中溜出溜进的人，无所事事却在居民区、商场或者银行等地窥测的人；逼近妇女、儿童并与之同行的人。

3. 体貌和面部表情可疑的人

如体貌与被通缉犯或犯罪嫌疑人相似的；面带疲劳困倦或者惊慌恐惧状的；身负可疑外伤或者身染血迹、带有伤疤的人等。

4. 携带可疑物品的人

如携带看似作案工具的人；携带大量现金的人；携带包裹遮遮掩掩怕动怕碰的人；携带可能是毒品的人等。

5. 带有明显犯罪迹象的人

如身负可疑外伤、身上有血迹或污痕、衣服被撕扯或破坏严重的人；所使用的交通工具车锁有撬痕或车窗、车门损坏的人。

6. 其他异常的可疑者

主要包括男女同行女方表情异常的；大人小孩同行，不允许小孩说话或者小孩有泪痕、表情惊恐、欲求搭救的；衣着不伦不类，或衣着与行为反常的等。

二、评估危险

人民警察在执行盘查活动时，可能会遇见各种各样突发性危险情形，如果事先心理上没有做好准备，对现场的危险没有进行分析、判断，即对现场形势没有进行危险评估，就可能身处危险境地，后果不堪设想，确定被盘查对象后，对现场的危险评估可以从以下几个方面进行：

1. 根据双方的力量对比评估

敌众我寡危险大，反之则小，警力最好处于优势执法，即警察的人数比嫌疑人多一个以上。通常如图（3-1，3-2）。

图 3-1   图 3-2

2. 根据嫌疑人手的状态评估

手总是置于腰部或外套内的嫌疑人危险程度较大，手是最危险的部位，要始终控制住目标人的双手，尽量让对方的双手远离其身体，给自己创造更多的反应时间。如图（3-3，3-4）。

图 3-3   图 3-4

3. 根据嫌疑人是否藏有武器评估

根据嫌疑人的着装，如不规则的突起，大厚衣服的隐蔽处等，观察推断嫌疑人可能有武器的危险性大小。如图（3－5，3－6）。

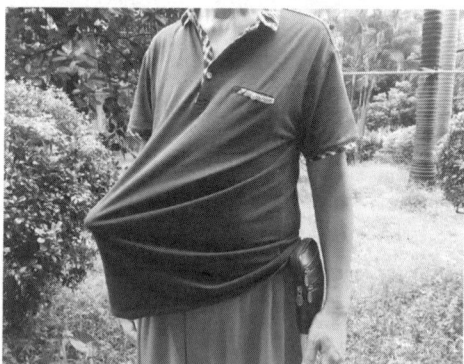 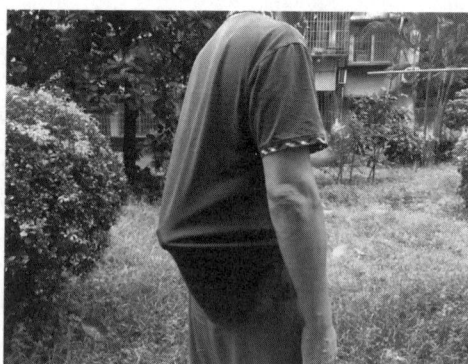

图 3－5   图 3－6

4. 根据截停地点是否有掩护物评估

掩护物被称为战术中的"防身三宝"之一，能有效隐蔽和保护警察安全，如水泥柱、较粗的树干、电线杆、汽车发动机等。有可利用的掩护物的地方危险性小，反之则大。如图（3－7，3－8，3－9）。

图 3－7   图 3－8   图 3－9

三、接近疑犯

确定盘查目标后，根据案件具体情况的时间、地点、环境选择接近盘查目标的方式和方法，确定具体站位和职责分工，通常有以下四种接近目标的方式。

1. 迎面接近

当你发现可疑目标时，你可以表现得若无其事，使目标放松对你的警惕性，当走近目标时，在其迎面突然截停。

2. 背后接近

对迎面向你走来的嫌疑人，警察应不动声色，让其经过，腾出更多的反应时间去观察和计划，然后从背后突然发出截停命令，出其不意令嫌疑人感到意外而使其心理失衡。

3. 前堵后截

截停前，为防止嫌疑人转身逃跑，其中一名警察包抄到嫌疑人的前面，与后面的同伴形成前堵后截的夹击之势，注意同伴之间要有明确分工以及要避免被嫌疑人发现。

4. 迂回接近

当你发现可疑人员，地点和时机不适合截停时，你可以采取迂回跟踪的方式，在环境、时机合适时，选择以上三种方式之一截停目标。要注意迂回跟踪时不能距嫌疑人太近，避免被嫌疑人发现以及避免嫌疑人的同伙对你进行偷袭。

四、截停疑犯

1. 截停时机

截停嫌疑人的时机应因事而异，因情而定，不迟不早，恰到好处。一般应选择：嫌疑人违法犯罪的活动已经暴露的时候，嫌疑人神色慌张准备逃跑的时候，嫌疑人准备作案但尚未具体实施的时候，等等。例如，发现通缉、协查、通报的重大犯罪嫌疑人时，最好采取便衣伪装接近的方式，选择合适地点、时机，在目标没有防备时，形成合围，突然实施抓捕控制；若不能确定是犯罪嫌疑人，而只是感到可疑，认为需要盘查时，要注意礼貌，同时要加强控制，警察往往在这种情况下，容易被袭击，一般采用正面截停；盘查现场有偷窃嫌疑的人时，一定要注意捉贼捉赃，或者留下有视频的监控证据。

2. 截停地点

虽然发现嫌疑人的地点具有很大的随机性，但选择盘查地点的主动权却在执勤民警手中，民警应根据情况选择对自己有利的地点位置进行盘查。选择地点在通常情况下，应当坚持以下几个原则：宜直不宜弯、宜宽不宜窄、宜明不宜暗、宜少不宜多，并选择依托掩护物或者容易得到支援的道路和场所。如图（3 – 10，3 – 11，3 – 12，3 – 13）。

图 3 – 10

图 3 – 11

图 3 - 12

图 3 - 13

3. 截停时的安全距离

"安全距离"被称为警察的"防身三宝"之一，警察根据现场情况控制好与嫌疑人截停、盘查时的距离，也是有效保护民警自身的重要因素之一。这个距离应根据嫌疑人的危险程度来决定，通常在 1.5 米 ~2 米处，如果嫌疑人有暴力倾向或者身上有凶器，应当拉开更远的距离。

4. 截停后的站位

（1）盘查时个人的站位姿势。通常两脚前后开立，稍比肩宽，侧身站立，重心在两脚之间，双手根据现场需要，结合前面章节讲解的戒备式灵活转化运用，眼睛注视对方身体上部，特别是双手、肩部和眼睛，警戒的警察还要注意观察周围的环境，盘问时最好用左手去接证件或检查，右手注意防守，特别是注意武器的安全，这样也能给右手更多的反应时间，能及时地出警械或出枪控制。在接过证件之后，可向后退步，适当拉开距离，然后再进行盘查。如图（3 - 14）。

图 3 - 14

（2）盘查时小组的站位技术与队形。

盘查站位技术：

盘查时，通常要由 2 名以上的民警执行，盘查前，大家会设计具体的分工以及站位，以便在实施盘查时，做到有序、周密。但是盘查活动是一个动态变化过程，小组站位可能会随着现场的状况而改变，此时如何做到能快速地移动到具体的位置，就需要小组之间有较好的站位沟通技术。如下图将嫌疑人的正前方、右前方、右侧、右后方、后方、左后方、左侧、左前方分别设定为：1、2、3、4、5、6、7、8 号位，主盘查通常在 1 号位距离 2 米处侧身站立，其余的同伴可按照事先的计划或者根据现场环境分别在其他的位置作为辅助盘查和警戒。如图（3 - 15）。

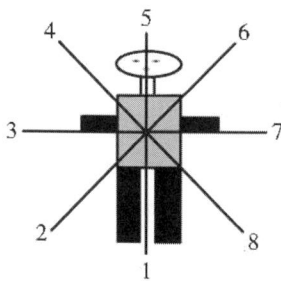

图 3 - 15

一般的站位队形有以下几种：

三角站位 1：

当 2 名警察盘查一名嫌疑人时采用，负责主盘问的警察在盘查对象 1 号位 2 米处侧身站立，警戒警察位于盘查对象的 2 号位或者 8 号位 2 米处侧身站立，2 名警察与盘查对象形成了等腰三角形。如图（3 - 16）。

三角站位 2：

当 3 名警察实施盘查时，负责主盘问的警察在盘查对象 1 号位 2 米处侧身站立，两名警戒警察分别站在盘查对象的 4、6 号位 2 米处侧身站立，3 名警察形成一个等边三角形，使盘查对象位于 3 名警察的正中间。如图（3 - 17）。

图 3 - 16

图 3 - 17

平行站位：

当 2 名警察实施盘查时，将盘查对象带至背靠墙面，负责盘问和警戒的警察分别站在盘查对象的 2、8 号位 2 米处侧身站立。如图（3 - 18）。

图 3 - 18

弧形站位：

当 3 名警察实施盘查时，将盘查对象带至背靠墙面，主盘查在盘查对象 1 号位 2 米处侧身站立，其余 2 名警戒警察分别在 2、8 号 2 米处侧身站立，3 名警员之间形成圆弧状。如图（3 - 19）。

图 3 - 19

5. 截停方式

（1）口头命令。对于具有一般嫌疑程度的可疑人员，你的手应该始终置于腰部握着枪，在采取正面截停并与嫌疑人距离 3 米左右时，发出让他（们）站住的命令。你的命令应该明确、有力、直截了当。若疑犯拒不执行，可重复一遍，如疑犯试图做其他动作，应立即根据情况果断将其制服。

口头命令也称语言控制类技术，语言要求口令简洁、明确，声音洪亮、严厉，具有不可抗拒力、强制性。一般性检查也应不卑不亢，既不低声下气，也不傲慢自大，恰到好处。此项技术看似简单，但对于初任干警或者学警的人来说，要运用得合理、恰当，却不是一件容易的事。因此要在这方面进行专项训练，根据不同的场景，针对具体的动作，发出相对应的语言命令，如"站住""不许动""后退""举起手来""转过身去""靠墙站好""停止攻击"等。

（2）持枪威慑。对于可能藏有凶器或武器的嫌疑人员，你应该在出枪对其进行威慑的同时，发出强有力的截停命令。持枪威慑嫌疑人时，要具有突然性、强制性。

（3）擒拿制服。对于确认的有关部门协查、通缉的在逃分子，在警力处于绝对优势的情况下，可以出其不意采取擒拿制服的方式直接抓捕进行截停。

五、表明身份

嫌疑人被截停后，其中一名警察应当出示证件，表明身份，同时向嫌疑人发出："我们是警察，现依法对你进行盘查，请你配合"的截停命令。它有两个作用：一是可以起到威慑盘查对象的作用，使嫌疑人自觉地配合警察的工作；二是可以得到人民群众的理解和帮助，便于执勤时依法盘问检查。

六、盘问检查

(一) 盘问

盘问主要针对盘查对象,通过语言问答形式来达到识别、判断、发现对方犯罪疑点。问话要由浅入深,要讲礼貌,开口用尊称;先问身份(询问嫌疑人的姓名、住址、籍贯,并查验身份证等证件),再问事情(从哪里来,去什么地方,去干什么,弄清事的性质、物的来龙去脉和嫌疑人与他人他事的关系等);注意倾听,发现破绽,抓住事实,穷追不舍;分而治之,各个击破(如盘问多名嫌疑人时,应该逐一分开盘问,根据嫌疑人各自陈述的情况综合对比分析其是否撒谎)。

(二) 检查

1. 证件检查

(1) 令嫌疑人掏出证件,密切注视其动作。

(2) 接过证件后,应当退到安全距离,眼睛始终注视着嫌疑人。

(3) 查验证件时,左手将证件举至约同肩高,核实嫌疑人的身份。如图(3-20,3-21)。

(4) 认真查验身份证、暂住证和其他相关证件核实嫌疑人的身份。

图 3-20　　　　　　　　　　图 3-21

2. 物品检查

通过盘问嫌疑不能排除的,警察依法可进一步对嫌疑人的行李物品(背包)进行检查,注意言语的规范解释,应当将盘查对象和随身携带的物品分离,一般情况下可让嫌疑人看着检查自己的物品,但如果检查重大犯罪嫌疑人或者携带有凶器的犯罪嫌疑人,要先令其将箱包放到适当的位置,并拉开一定的距离,必要时令其转过身去,由一名警察控制并密切注意警戒观察周围的情况,防止嫌疑人反扑及同伙的袭击,另一名警察开包检查。对检查后未发现可疑的，归还物品，予以放行，并做好解释工作，消除不满情绪，不留后遗症，对于嫌疑不能排除的，就需要进一步搜身检查了。检查物品时要做到以下几点：

（1）分工要明确，特别要加强对嫌疑人的警戒。

（2）查验物品要按一问、二看、三听、四闻、五摸、六轻开的顺序进行。问里面放的什么东西；看箱包的外观有无损坏，拉链、纽扣是否另有机关；听包内是否有异常声音；闻是否有异常味道；摸物品质地，掂量分量；轻开、慢拉，谨慎开启，防止内有爆炸物。

（3）检查物品时要从上往下进行，轻拿轻放，防止损坏。不能掏底取物，更不能反复翻动。对赃物、凶器，不要大把抓，应用干净的布、塑料袋或戴手套拿取，防止破坏痕迹。

3. 人身检查

人身检查单列在下一节详细讲解。

七、盘查处置

（一）常规盘查处置

1. 排除嫌疑处置

对经过盘查排除嫌疑的，应立即归还证件和物品，做好解释工作予以放行。

2. 发现嫌疑处置

对经过盘查不能排除嫌疑的，应带至公安机关，依法继续盘问。

3. 确定嫌疑处置

对经过盘查确定是犯罪嫌疑人的，应立即抓捕上铐，押解到公安机关，移交有关部门依法处理。

（二）特殊情况处置

1. 对语言不配合情况的处置

盘查中，如果嫌疑人对警察的盘问语言不配合，民警切记勿与盘查对象发生争执，应冷静地告诉对方盘查是法律赋予警察的权力，每个公民都有义务配合。

2. 对不断逼近警察情况的处置

遇有这种情况时，盘查员应伸出左手阻止盘查对象继续逼近自己，命令盘查对象站住别动，同时右手做欲掏枪动作，并适当后退，使自己与盘查对象始终保持 2 米左右的距离，警戒员应迅速掏枪对准盘查对象，命令其不许动，以防止出现袭警情况，同时告知对方如继续靠近将面临严重后果。

3. 对转身离开情况的处置

盘查时，如果盘查对象突然转身离开，盘查员应尾随跟进，并吓令其站住别动，同时警戒员迅速移动站位，手扶枪套做欲拔枪的动作；如盘查对象继续走，则盘查员应告知其不配合警察执行职务将面临的法律后果，警戒员则要拦住盘查对象的去路，必要时出枪控制，直至盘查对象停下来接受盘查。

4. 对袭警情况的处置

如果盘查对象徒手袭警，民警可利用警力优势，以徒手或警械控制盘查对象，将其抓获并带回审查。如果多名嫌疑人徒手袭警或嫌疑人持械袭警，民警应迅速交替掩护后侧，保持安全距离，持枪戒备，实施语言控制，同时呼叫指挥中心请求支援。如果嫌疑人继续袭警，危及民警生命安全或有抢枪的行为，民警可依据《人民警察使用警械和武器条例》的有关规定视情况使用警械或者武器。

第四节 搜 身

一、搜身的概念和法律依据

搜身，即人身检查，是指人民警察执法活动中，在犯罪嫌疑人已被有效地控制或者缉捕了的前提下，为了排除犯罪嫌疑人身上的危险和获取证据而进行的全面细致彻底的搜索和检查。《刑事诉讼法》第 134 条规定："为了收集犯罪证据、查获犯罪人，侦查人员可以对犯罪嫌疑人以及可能隐藏罪犯或者犯罪证据的人的身体、物品、住处和其他有关的地方进行搜查。"

二、搜身的要求

第一，搜身必须在犯罪嫌疑人已被捕、已失去反抗能力的前提下进行。

第二，行动民警分工必须明确、站位合理。

第三，要有安全意识（警戒）。

第四，要有证据意识。

第五，要有程序意识。

第六，要有规范意识。

第七，搜身一般以腰部为界，按照先上后下的步骤进行。

第八，搜身要求用手挤压、捏拿、翻撩，而不可轻拍轻摸。

第九，语言控制必须准确、清楚、言简意赅、通俗易懂。

第十，搜身必须认真彻底，不留任何后遗症。

第十一，被检查对象为女性，则应由女警搜身。

第十二，对危险程度较大和被协查、通缉的犯罪嫌疑人或犯罪分子应先上铐后搜身。

第十三，需要搜身的对象为多个时应该对他们分别逐一搜身。

三、搜身的程序

1. 指令动作

向嫌疑人发出动作指令。如命令嫌疑人原地不动、双手抱头、慢慢转身、跪地、趴在地上、扶墙等。如果嫌疑人不服从指令，则可以持枪威慑强制其服从。

2. 侧后接近

搜身警察应从嫌疑人的侧后方慢慢接近，并与嫌疑人保持一定的距离，距离被检查和搜身对象1米左右时，应停顿一下，以防嫌疑人可能做出的反抗，待确认安全后，迅速上步采用各种控制搜身。如图（3-22）。

图 3-22

3. 实施控制

警察必须对嫌疑人进行有效的接触性控制，在此前提下进行搜身，以便在搜身过程中执法对象反抗时能及时实施抓捕或者撤离来保护自己。对嫌疑人实施控制的方式主要有：抓臂控制、抓手控制、抵腿控制、勾腿控制等。如图（3-23，3-24，3-25，3-26）。

图 3-23

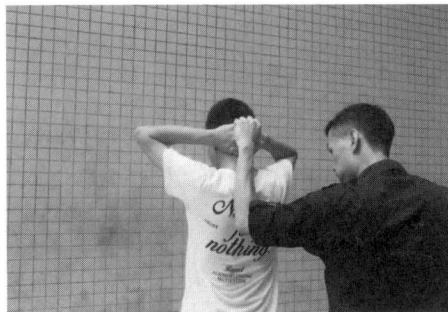

图 3-24

图 3-25   图 3-26

4. 仔细搜身

对嫌疑人的搜身一般应从其经常藏带凶器的腰腹部开始，然后再按照从头到脚的顺序进行全身搜查，重点检查嫌疑人的手心、手腕、手臂、腋下、腰部、后背、裆部、大小腿内外侧等部位，以及穿戴的帽子、衣领、腰带、鞋等。搜身时可采用摸索、挤压、翻撩、脱解等手法。

四、搜身方式

1. 站姿搜身

警察在执法过程中，在嫌疑人被有效控制的情况下，指令其双手抱头、十指交叉、两腿尽量分开（开度以不宜反抗为限），执行检查和搜身的警察侧后接近，当检查和搜身其右边时，指令其头转向左侧的警戒警察，用左手抓住其交叉的手指和头发后拉，利用肘关节抵住其后背，用左脚勾其右脚形成弓步，用右手进行搜身，当检查搜身左侧时，手脚依次交换，动作要领相同。如图（3-27）。

图 3-27

2. 扶姿搜身

警察在执法过程中，在嫌疑人被有效控制的情况下，指令其双手抱头、十指交叉、面向一定的依靠物（如墙、树、车等），若靠墙时也可以令其双手斜上举（或平举），掌背贴墙，掌心向后，两脚离墙一定的距离，两腿尽量分开（开度以不宜反抗为限），执行检查和搜身的警察侧后接近，当检查和搜身其右边时，指令其头转向左侧的警戒警察，用左手抓压其右手臂，利用左肘关节抵住其后背，并用左脚勾其右脚形成弓步，用右手进行搜身，当检查搜身左侧时，手脚依次交换，动作要领相同。如图（3－28，3－29）。

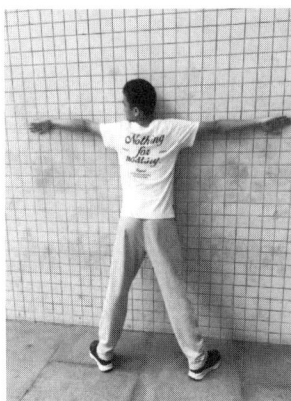

图 3－28

图 3－29

3. 跪姿搜身

警察在执法过程中，遇到较危险的违法犯罪嫌疑人时，可用跪姿控制检查搜身。具体操作是：在嫌疑人被有效控制的情况下，指令其双手抱头、十指交叉、双膝跪地、两小腿交叠。警察若检查和搜身其右边时，左手抓住嫌疑人交叉的手指和头发，用左脚踩或者别住嫌疑人交叠的双腿，形成弓步，略往左侧拉，令其头转向警戒警察，用右手进行搜身，左侧反之，动作要领相同；有依托物时，可令其双手分开扶依托物，一手按压其颈肩部，另一只手搜身。如图（3－30，3－31，3－32）。

图 3 –30   图 3 –31   图 3 –32

4. 卧姿搜身

警察在执法过程中，遇到非常危险的违法犯罪嫌疑人，或者嫌疑人被控制上铐后，或者在缉捕过程中将嫌疑人按倒在地面的情况下，可用卧姿检查搜身。具体操作是：命令嫌疑人趴在地上，双臂伸直、掌心向上、双腿分开，执行检查和搜身的警察对其压肩或别臂控制上铐，用双手从上到下对其后背搜身，而后将嫌疑人翻转 90 度靠贴在警察腿上，用右手对嫌疑人的身体正面一侧进行彻底搜身；身体正面另一侧则采用相同方式翻转后搜身。如图（3 –33，3 –34）。

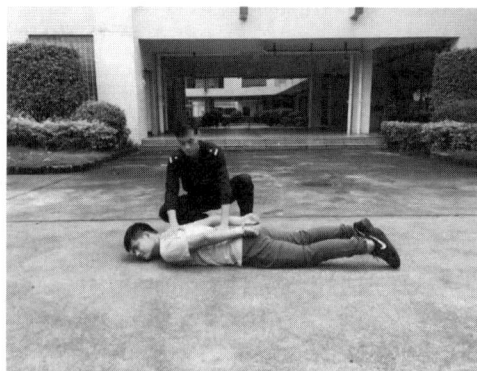

图 3 –33   图 3 –34

五、搜身时对几种情况的处置

第一，当嫌疑人暴力反抗时，应迅速拉开距离，尽可能利用掩护物出枪控制。

第二，当嫌疑人突然逃跑时，警察应及时沟通（或呼唤支援），迅速占据有利位置，出枪对其控制上铐后搜身。

第三，当多名嫌疑人突然逃跑时，切忌分头追击，应集中警力追击为首的或者携带罪证的嫌疑人。

第四，检查和搜身发现凶器时，应立即对其进行上铐，然后继续对其进行搜身。

六、忠告

第一，对嫌疑人搜身时背后不能无人警戒。

第二，对嫌疑人搜身时，警戒警察不能忽视对周围环境的监控。

第三，搜身必须仔细、彻底，不要因为搜出一件凶器后就停止搜身。

第四章

警械具使用

第一节　伸缩警棍使用

一、伸缩警棍的基本结构

伸缩警棍属于驱逐性、制服性警械具。警察在实际执法过程中，使用警棍时应依据《人民警察使用警械和武器条例》的规定使用警棍。警棍的种类繁多，如电警棍、防暴警棍、T 型警棍、伸缩警棍等。本节主要讲解分析伸缩警棍的使用，它由棍头、前管、中管、握柄、卡簧、尾盖构成。如图（4 -1）。

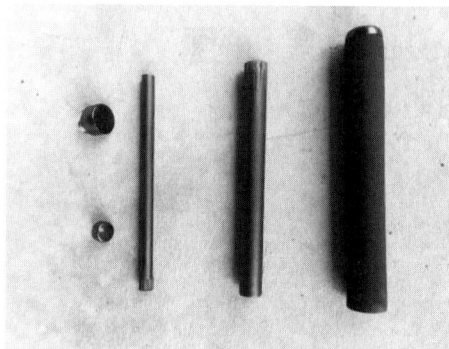

图 4 -1

二、伸缩警棍的戒备姿势

警察在执行任务中，应根据现场环境以及嫌疑人的危害程度，选择合适的技法与合理的戒备姿势。

1. 腹前戒备

强手持握警棍，弱手在外，不开棍，侧身站立，将其置于腹前腰带处隐藏戒备，眼睛目视嫌疑人。如图（4 -2）。

图 4 - 2

2. 隐藏式戒备

侧身站立（提单手）戒备，两腿前后分开，距离略比肩宽，膝关节微弯曲，重心在两脚中间，后脚跟微抬起，强手持棍快速开棍后，将其隐藏贴于强手同侧腿的后侧，棍尖向下。如图（4 - 3）。

图 4 - 3

3. 提棍戒备

侧身站立戒备，强手持棍快速开棍后，将警棍自然下垂至后腿侧，弱手手心向下屈肘自然抬起至胸前，目视嫌疑人。如图（4 - 4）。

图 4 - 4

4. 肩上戒备

侧身站立提弱手屈肘自然抬起至胸前戒备，手心向下，指尖朝前，强手持棍快速开棍后，将警棍置于同侧肩膀上方，肘部自然下垂，棍尾朝向目标，目视嫌疑人。此姿势通常也称为持棍格斗式。如图 （4 - 5）。

图 4 - 5

三、伸缩警棍的基本攻击方法

伸缩警棍常用的击打方法以进攻技术为主，包括：劈、扫、撩、戳、点、挑、架棍等技术。

第一，劈棍：在格斗式基础上，右手持警棍由右上方向左下方全力劈击，力达棍身。劈棍主要用于攻击对方头部、肩部、颈部等，力点在棍前端。

第二，扫棍：在格斗式基础上，右手持棍，由右向左横扫，借助转腰发力，力点在棍的前端。扫棍主要用于扫击对方大腿外侧腓骨神经点以及胫骨神经点。

第三，撩棍：在格斗式基础上，右手持握警棍，由右下方向左上方反手上撩，力达棍头。撩棍主要用于撩击对方裆部。

第四，戳棍：在格斗式基础上，右手持握警棍，使警棍由腰间直线向前戳出，力达棍头。戳棍主要用于戳击对方腹部、胸部。

第五，点棍：在格斗式基础上，右手持握警棍，由前上向下，配合手腕力量点击，力达棍头。点棍主要用于点击对方头部，面部。

第六，挑棍：在格斗式基础上，右手持握警棍，以棍前端为力点，由下向前上挑击，力达棍头。挑棍主要用于挑击对方裆部、腹部及下额。

第七，架棍：在格斗式基础上，右手握棍，左手呈掌托住警棍头，水平上架于头部前上方，屈肘。上架时，力达警棍的前管、中管处。

第二节　防暴盾牌的使用

一、盾牌的基本概念

盾牌是人民警察在执行特殊任务时，防止犯罪嫌疑人袭击我方，可携带式掩体性警械具。

二、防暴盾牌的功能及攻防特点

人民警察防暴盾牌是由透明和染色的聚碳酸酯等材料制成，具有重量轻、抗冲击力强的功能。其特点攻防兼备，主要体现在：正面、侧面、上方等的防守，进攻方法有推、切、压等，还可配合踢、打等技术，能有效进攻与防守敌方。

三、防暴盾牌的使用

（一）戒备姿势

1. 单手持盾戒备

侧身站立戒备，两腿前后分开自然站立，后脚跟微微抬起，左手曲肘持握盾牌，右臂贴于盾牌上沿，整个盾牌面置于身体前方，盾牌上沿略高于头部。如图（4-6）。

图 4 - 6

2. 双手持盾戒备

侧身站立戒备，两腿前后分开自然站立，双手曲肘分别抓握盾牌两个固定握把，小臂贴于腰侧，盾牌面置于身体前方，略高于头部。如图 (4 - 7)。

图 4 - 7

(二) 盾牌防御

1. 上方防护

在持盾牌侧身站立戒备的基础上，将对盾牌抬置头部上方，防护对方的劈打。

2. 侧面左右防护

在持盾牌侧身站立戒备的基础上，重心降低，同时通过身体拧腰发力带动手臂左右转体进行防护。

3. 正面防护

在持盾牌侧身站立戒备的基础上，双手持握盾牌于身体前方，通过手臂前后推拉盾牌，向前防护，防止对方正面进攻。

（三）盾牌进攻控制技术

1. 撞击技术

在持盾牌侧身站立戒备的基础上，正面防护，利用盾牌前防护面，向犯罪嫌疑人持械手臂方向，发力推动盾牌撞击。

2. 下切技术

在持盾牌侧身站立戒备的基础上，将盾牌抬置高于头部位置，而后将盾牌下沿向身体前下方发力下切，攻击对方上半身。

3. 横切技术

在持盾牌侧身站立戒备的基础上，将盾牌旋转90度收至身体侧面，成横向放置，而后利用盾牌的上沿向正前方横切发力，注意转腰发力，力达盾牌上沿，攻击敌方躯干。

第三节 防毒面具的使用

防毒面具是保护人体呼吸器官、眼睛及面部免受毒剂、细菌武器以及放射性灰尘等的伤害的防护器材。如图（4-8）。

图 4-8

一、警用防毒面具使用前的检查

第一，使用前，检查警用防毒面具的滤毒盒是否在使用期内。

第二，使用前，检查警用防毒面具所有塑料及橡胶部分是否出现老化或裂纹现象，尤其确保面具密封部分不能有变形。

第三，使用前，检查警用防毒面具头带是否有弹性且牢固。

第四，使用前，检查警用防毒面具呼气阀门片是否出现老化、变形、破裂及折皱等，防止使用时出现漏气，进而影响人的健康。

第五，使用前，检查警用防毒面具用于过滤有毒气体的滤毒罐（盒）密封圈是否完好。

二、警用防毒面具的佩戴

第一，左手拇指拉住套袋，右手心拖住防毒面具底端。如图（4-9）。

第二，将面具贴紧盖住口鼻，头带框套拉至头顶贴合扣紧。

第三，用双手将下面的头带拉向颈后，然后扣紧。

第四，调整头带松紧，将面罩与脸部紧密贴合，先调整前段头带，然后调整颈部后头带，如感觉不适，可适当将头带放松。如图（4-10）。

图4-9   图4-10

三、测试警用防毒面具佩戴后密合性

第一，用手掌盖住过滤罐（盒）的连接口，缓缓吸气，若在呼气中感到有所困难，表明佩戴面具牢固，密封性良好。若感觉能吸入空气，且不费力，则表明佩戴不够牢固，需及时调整头带松紧度，检查密封，消除漏气原因。

第二，用手掌盖住呼气阀并缓缓呼气，如面部感到压力，但没有感到空气从防毒面罩中泄漏，则表明佩戴密封性良好。若感觉到空气在面部与面罩之间泄漏，则表明漏气，需要重新调整头部与面罩的松紧贴合度，排除漏气现象。

第四节 对讲机的使用

一、对讲机的操作方法

第一，首次使用对讲机前，应仔细阅读使用说明书，了解掌握其操作方法。如图（4-11）。

图 4-11

第二，使用对讲机，首先检查其电量是否充足。

第三，使用时，最先掌握其通信距离、覆盖范围以及通信主管部门各频道的分属情况，根据任务不同要求，调试频道汇报情况。

第四，每次使用前，旋转拧动音量开关键，调试好适当的音量，根据所属通讯小组，调整频道。

第五，使用对讲机，如遇死角落，导致信号输出受限，应及时观察地形，调整位置或方向，同时保持天线与地面垂直，确保正常接收通话。

第六，使用对讲机，按住发话按钮，距离对讲机话筒约 5 厘米讲话即可，发话完毕后松开发话按钮接听，严禁长时间按住发话按钮或发出干扰声，影响正常通话。

二、对讲机的勤务规范

第一，先主后次，先急后缓。在执行任务过程中，应做到先全局后局部、先上级后下级，根据汇报事情具体情况分析事态的性质类别，确保通过对讲机无线传达为最紧急、最重要的情报任务。

第二，顾全大局，密切协作。各业务单位部门要树立全局观，服从指挥、积极配合、紧密合作、共同努力保障无线通信信号的畅通。

第三，严守机密，保证安全。严格遵守通信的保密性，切勿使通信失密、泄密。

三、对讲机通话规范用语

使用对讲机传达信息时，要吐字清楚、规范文明，语句简练、语句中平、语速与平时讲话一样。做到一问一答，有条不紊。

举例：

第一，呼叫方："XX 呼叫 XX 人，听到请回答（重复一次或数次），完毕。"

第二，被叫方："XX 听到，请讲，完毕。"

第三，呼叫方，语气平稳地把呼叫内容讲清，尽量简明扼要，结束时说"完毕"。

第四，被叫方："XX 人明白，完毕。"

第五节　手铐使用

手铐属于约束性警械具，警察在实际执法过程中，经过调查取证，对违法犯罪嫌疑人进行逮捕，为防止其逃脱、行凶、反抗或其他危害行为的发生，可以使用手铐这种约束性警械具。

一、手铐的基本构造

手铐的构造分为：铐环、锁体、锁梁、链柱、钥匙孔和连接链组成。如图（4 - 12）。

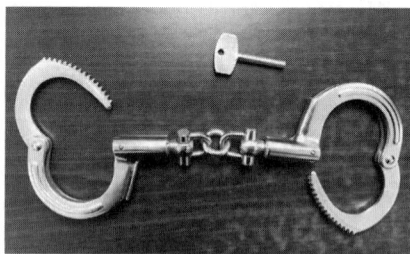

图 4 - 12

二、手铐的性能、基本要求以及注意事项

第一，手铐是约束性警械具，根据《人民警察使用警械具和武器条例》的规定，依法使用时主要用于约束违法犯罪人员。

第二，使用手铐前要检查手铐的整体是否完整，主要是铐环是否完好，保险有无损坏，能否开启。

第三，钥匙孔内部有保险扣，将手铐钥匙插入钥匙孔内，逆时针旋转45度，即为锁定保险；将手铐钥匙插入钥匙孔内，顺时针旋转45度，即为开锁。

第四，练习或使用约束性警械具手铐前，一定要检查铐环的灵活度、手铐的开启是否正常，方便在执法使用过程中迅速上铐。

第五，上铐前应保持高度警惕，确保嫌疑人完全被控制且双手在我方视线范围内的情况下，方可上铐。

第六，上铐后，调试手铐，使手臂与铐环之间留出一食指空间，太紧容易造成嫌疑人手腕淤血，太松则容易导致其逃脱。

第七，上铐后，经过调试手铐，最后用钥匙逆时针拧动钥匙孔，锁住保险，使其不能前后移动，起到定位和保险的作用。

三、手铐的基本上铐方法

（一）手铐的持握方法

以右手为例：将铐环齿压至只留一齿状，铐链收紧，握于右手掌心内，虎口抵住铐梁，上方的铐环口与虎口朝向一致，下方的铐环朝左前方。如图（4－13）。

图 4－13

（二）手铐的基本铐法

1. 正面压铐

（1）警察在上铐前，站立在犯罪嫌疑人的左前方，两脚前后分开，侧身自然站立，右手持握手铐于体前，目视嫌疑人。用语言命令嫌疑人："双手前平举，掌心向上。"

（2）迅速从嫌疑人左前方入围，左手抓住嫌疑人右手掌指向下方反折，将手铐的上面铐环部位抵住对方手腕外侧，下压对拉发力，使活动环惯性旋转一周，将对方左手铐住；用挑铐方法将其右手铐住，而后调试手铐，锁住保险。如图（4－14）。

图 4 – 14

2. 正面挑铐

（1）警察在上铐前，站立在犯罪嫌疑人的左前方，两脚前后分开，侧身自然站立，右手持握手铐于体前，目视嫌疑人。用语言命令嫌疑人："双手前平举，掌心向上。"

（2）迅速从嫌疑人左前方入围，左手抓住嫌疑人右手掌指向下方反折，将手铐的下面铐环部位抵住对方手腕外侧，由下向上挑动手铐，两手对拉发力，使活动环惯性旋转一周，将对方左手铐住；用压铐方法将其右手铐住；而后调试手铐，锁住保险。如图（4 – 15）。

图 4 – 15

3. 背铐

背铐是指上铐时在嫌疑人的身后上铐的技术，首先运用语言类控制技术，命令其向后转身，两脚尽量分开，上体前倾，手臂向后抬起，手心张开，警察从其右后方慢慢接近，左手抓握嫌疑人右手大拇指，向内旋转，右手持握手铐，用手铐上环抵住对方右手侧面，对向发力，使铐环惯性环绕一周，将嫌疑人手腕铐住，再用下环挑铐将其左手铐住；或者先用下环挑铐，再用上环压铐的方式。最后调试手铐，锁住保险。

如图（4 – 16）。

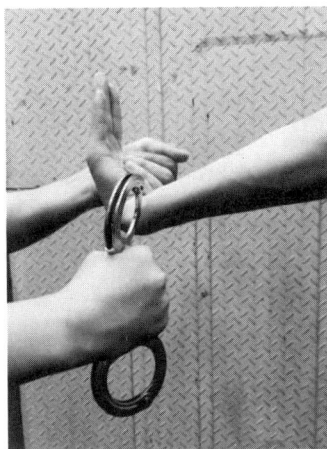

图 4 – 16

──────第 五 章──────

搜 索

搜索也称为搜捕，是指人民警察到犯罪嫌疑人可能隐藏的处所进行寻找、发现，并力求抓捕隐藏期内的犯罪嫌疑人，或搜出犯罪证据、证物的执法活动。它是查缉战术的基本形式之一。搜索的战术方法主要包括包围式分区搜索、内转轴或外转轴式搜索、"S"形搜索、多点式搜索、多线式搜索、波浪式推进搜索、穿梭式搜索、掩护交叉式搜索、地空一体式搜索、拉网式搜索等。依据搜索的地点又可分为：居民区搜索、山林地搜索、高苗地搜索等。在实践中，查缉人员可根据实际情况采取不同的搜索战术，根据搜查的地形和环境条件以及警力等具体情况，灵活变动，安全有效地运用搜索战术。本章节主要结合建筑物的搜索，分析搜索技战术的一般规律和常用技术。

第一节 建筑物搜索的程序与方法

一、了解案情

了解犯罪嫌疑人的基本情况，包括犯罪嫌疑人的人数及其个体的生理特征，犯罪嫌疑人的犯罪动机及其心理特征，犯罪嫌疑人的特长技巧以及行为特征，犯罪嫌疑人所持有的武器种类、型号以及武器数量等。同时，要了解犯罪嫌疑人所处的环境条件，包括建筑物的整体结构，出入口的位置，室内陈设，建筑物内是否有其他无关群众，无关群众的人数，位置状态，建筑物的电源、水源、气源等情况，建筑物周围的地理环境和人员活动情况等。

二、制定搜索战术

根据掌握的案情，充分考虑到实际情况的需要，周密制定搜索方案，明确各搜索分队（组）的搜索区域和任务，严格按照规定的搜索顺序、运动规则、联络方式进行搜索，并充分考虑到意外和突发情况的处置方法。在搜索中，要求纪律严明，各执其责，密切协同，防止出现混乱的情况，同时注意保护自身安全。

三、疏散无关人群，封锁控制建筑物

第一，搜索建筑物之前，如果建筑物内有其他无关人员必须迅速疏散到封锁区以外，避免犯罪嫌疑人滥杀无辜或劫持人质。对犯罪嫌疑人所持武器杀伤范围内的群众，也应予以疏散，保证其安全；无法疏散的，应令其关闭门窗，做好防护措施。

第二，封锁控制建筑物，封锁控制一座建筑物至少要控制三个点位：其一，出入点（出入口），对出入口的控制有利于我们在犯罪嫌疑人从出入口逃脱时进行抓捕。其二，制高点。控制制高点，我们处在居高临下的位置，有利于我们观察和全面监控建筑物周围各处的情况，发挥我们的火力优势。其三，观测点，要在便于发现或能够看到犯罪嫌疑人的位置上建立我们的观测点，有利于我们将犯罪嫌疑人的活动情况及时通知搜索人员，使我们的搜索更有目的性和针对性。

四、选择进入点

第一，利用犯罪嫌疑人所在的盲区来选择进入点，如果犯罪嫌疑人所在的位置已经明确，我们应该选择对方视线的死角或盲区进入建筑物，既能隐蔽自己又能避开犯罪嫌疑人的火力。

第二，利用犯罪嫌疑人思维上的盲点选择进入点，当犯罪嫌疑人所处的位置不明确时，搜索人员尽量选择犯罪嫌疑人意想不到的出入点进入建筑物，因为犯罪嫌疑人对这些出入点疏于防范或根本没有防范。

五、建筑物内的搜索

（一）楼道搜索

我们在搜索建筑物内的楼道时，要注意尽可能地保持肃静，必须做到动作要轻，避免发出声音；夜间要注意身形投影暴露的位置，小组成员之间时刻保持联络、沟通、信息的传递。搜索推进时，应贴近墙面，利用通道中的堆积物和凸凹部分隐藏身体相互掩护前进。

基本队形：楼道搜索时，一般以3名警察为一行动小组，成员按照各自的任务分为前锋警察、掩护警察、后卫警察，当掩护警察原地进行掩护时，前锋警察负责推进搜索，到达一定位置后进行警戒，这时掩护警察再推进搜索，后卫警察实时跟进负责后方的警戒，始终保持交替掩护进行。搜索的过程中，每名警察做到各执其责，相互协作，除非收到队友明确的求援信号或确有必要，否则应坚守自己的警戒区域，避免顾此失彼。如图（5-1）。

图 5-1

（二）拐角搜索

在搜索中遇到拐角时，应先观察后再行通过，通常有两种搜索方法：

第一种是"快速窥视法"。警察站位于拐角的一侧，一只手支撑墙面，另一只手持枪低腰进行戒备，迅速伸头观察拐角的另一侧，然后尽快缩回，这样既能观察到拐角一侧的情况，又能在犯罪嫌疑人做出反应之前将头缩回。如图（5-2）。当需要再次观察时，观察的警察不能在同一个位置进行观察，可利用跪姿进行观察。如图（5-3）。

图 5-2

图 5-3

第二种是"移动控制法"。位于拐角一侧的警察，在允许的范围内，远离拐角，然后持枪瞄准墙角的另一侧，身体以墙角为轴侧向缓慢移动，注意眼睛和枪口都必须跟身体移动保持一致，高度警戒逐渐展开的拐角另一侧的区域，随时做好控制对方的准备，拐角控制法是以抢先发现对方为目的，首先警察要与通过的拐角保持安全距离，在队友的掩护下，枪口朝着墙角边缘，以墙角为中心轴，用碎步横向圆弧缓慢移动，慢慢朝着墙角另一侧的隐蔽区域搜索，直至完全拐过墙角或发现犯罪嫌疑人部分身形为止。在搜索过程中，既要使枪口和主眼保持一致又要避免肩、臂、腰间装备暴露于危险区，既要安全地隐蔽自己又要抢先发现犯罪嫌疑人，这是成功运用此方法的标准。

如图（5-4）。

图5-4

（三）"T" 角搜索

在建筑物搜索中，对 "T" 形路口的搜索实际上是对左右两个墙角的搜索。警察在进行拐角搜索时，除了要控制墙角后面的区域外，还要高度警备走道另一侧的区域，当掩护警察与前锋警察交替掩护推进到接近楼道交接处时，两人同步斜相向进行，分别控制对方一侧。当两人靠近火力重叠时，两人肩并肩同步前行，分别交换各自的搜索区域控制区，最后同时探身控制 "T" 形楼道两端。在这个过程中，两人要留意前臂和武器是否在不经意间进入了前方拐角的危险区，如图（5-5）。

图5-5

（四）楼梯间的搜索

相比楼道而言，楼梯更狭窄，移动更困难。从本质上说，楼梯的搜索战术是对楼道搜索的特殊运用。在搜索时，五名警察为行动小组，通常以一路纵队队形移动，移动中先占据重要控制位置，再依次逐个交替掩护前进。上楼时，要贴近墙移动（但不能贴住墙），每名警察分别控制不同的区域，以最后的一名警察为箭尾，负责警戒后方区域；前面的警察为箭头，进行掩护，后面的警察超越时，应从掩护者身后通过或从身前低姿经过，以免挡住视线和枪口，警察搜索时，要各守其责，相互协同，搜索彻底。下楼时，为了避免脚步先踏入楼梯范围而让楼下的人发现，前锋警察可以俯下身来做拐角搜索，排查楼下情况，但由于受身体姿势的影响，会使身体完全失去应变机动能力，所以使用这种战术必须要有同伴对其侧翼进行掩护。

（五）房内的搜索

1. 开门

搜索建筑物内的每个房间一般都要从房门进入。在进入房间之前，要注意观察房门的状态，然后从房门两侧接近，并对门口进行控制，可运用倾听或窥视的方法进行观察。

如果房门是关着的，应判断门打开的方向。通常情况下，如果能看见合页，则门的开向朝外；如果看不见合页，则门的开向朝内，搜索警察应用缓慢和轻巧的动作试探房门是否反锁，然后根据门的状态和结构决定进入的方法，实践中，通常有三种开门方法：其一，强行破门；其二，诱骗开门；其三，技术开门。

如果门是向外开的，把手一侧的警察反手拧动把手，如果门没有锁，即拉开推给另一侧的警察，另一侧的警察用手扶住固定，然后用快速窥视法进行观察。如果房门锁着，则应采用炸药或破锁器、撬杠、破门斧等工具将门锁破坏，打开房门之前应观察门内是否设有爆炸装置，如果有，应设法排除或另选其他进入点入室搜索。

如果门向里开的，靠近门把手一侧的警察用未持枪的手拧动把手试探门的状态，如果房门未锁，则用力将门推开。使门碰撞门后墙壁，以试探门后是否隐藏犯罪嫌疑人，然后两侧的警察分别使用快速窥视法进行观察，或以佯攻法试探房内的动静，在确保安全的情况下，才进入房门搜索。如果门已上锁，现场又不具备技术开门的条件，应考虑强行破门，常用的方法是用脚踹门，远离把手一侧的警察用力踹击门把手、插销、门锁处，发力方向要稍斜向把手一侧，踹门后应立即闪到门的另一侧隐藏，如果门很结实，则必须借助专门开门工具。

2. 入门

打开房门后，退后两步，以便获得较大的缓冲空间和较长时间用以形势评估，确定安全后进入房间，此时，警察必须要以最快的速度控制房间的各个方向和角落，切记勿挤在门口，一拥而入。

进入房门的方法通常有三种：

（1）交叉进入控制法。位于门两边的警察按照一先一后的顺序，以前低后高、十字交叉的机动路线进入房间，到达预定位置后，各自负责控制自己一侧的区域。由于进入时各自向着自己能够看得到的方向移动，以此能够确保自身的安全，交叉进入控制法适用于比较狭窄的房门。如图（5-6）。

图 5-6

（2）背绕进入站位控制法。位于门两侧的警察分别从门侧绕过门柱低姿进入房间，控制各自一侧的区域，背绕进入站位控制法适用于比较宽阔或位于房间中间的房门。如图（5-7）。

图 5-7

（3）交叉背绕相结合进入站位控制法。当搜索警察位于房门同一侧时，应采取交叉与背绕相结合的方法进入房间。先由一名警察斜向低姿进入房门另一侧，另一名警察背绕进入，各自控制相应区域。如图（5-8）。

图 5 –8

3. 房内搜索

进入门后应迅速扫视室内的情况，要利用墙壁拐角和室内设施家具进行掩护，先观察后搜索，如视线中没有出现情况，则应立即判断室内可能出现危险的位置，同时，警察分别对潜在的威胁位置进行控制，然后逐一排查。如发现有人，应大声下达控制命令，同时做好射击准备。

搜查时警察始终保持高度戒备，注意相互掩护，统一指挥行动，随时做好与犯罪嫌疑人对抗的准备。搜索时对各个房间的连接通道或房间进行专人控制。对房间内需要打开的柜门进行检查时，应格外小心，用未持枪的手打开检查，另一只手单手腰间戒备，贴身持枪，既能控制可能出现的情况又能防止武器被抢夺。

第二节　掩护物的使用

一、掩护物的选择

使用掩护物是警察有效地保护自己安全的重要措施，故也被称为警察"防身三宝"之一，警察进入可能发生枪战的危险区域时，第一时间要考虑的是找到掩护物，并合理利用掩护物保护自己，免于中弹，为自己争取时间进行形势评估，然后再决定下一步行动。

作为警察，我们必须清楚掩护物和隐蔽物的区别，掩护物是能抵挡对方火力或能减小火力威力，对我方能起到防护作用的物体，隐蔽物是对我方能起遮掩作用，防止被看见的物体，在实战中可利用隐蔽物隐藏我方行踪，秘密前进，隐蔽靠近敌人，但是一旦发生枪战，隐蔽物便失去了它的作用，我们应寻找有效的掩护物防范对方的射击。

二、掩护物的利用

(一) 利用掩护物的考虑因素

在利用掩护物之前,决定使用哪一类掩护物应考虑以下几个因素:

第一,面积。掩护物的大小面积应以能掩护警察的全身及容许警察保持射击姿势为原则。

第二,形状。不规则形状比规则形状的掩护物好,因为可以减少对方察觉的机会。

第三,掩护物的厚度和密度。理论上,掩护物越厚、密度越高就越好,不过,也要考虑对方使用的武器的情况,不能一概而论。现今的一些灯柱是用轻金属制造的,可以作为掩护物来避免遭受大部分类型手枪的伤害,但却不能抵挡 AK – 47 步枪等的射击。

第四,掩护物的位置。利用掩护物时,要能够以最短时间到达预定的掩护物后进行掩护,如果掩护物距离警察太远,进入掩护物时会使警察暴露太久而增加被击中的机会。同时,如果目标距离警察的射程太远,便会使他处于一个更加不利的位置。因此,警察必须尽量考虑其他可以利用的掩护物及其到达(撤退)的路线。

(二) 利用掩护物的方法

使用与掩护物相吻合的射击姿势。例如,如果掩护物是灯柱,利用时应侧身站立,才能将身体完全保护起来。要尽可能地避免采用坐姿或卧姿进行射击,因为这样容易受到子弹反弹所伤,同时,也会令警察在需要移动时不便于做快速的移动。因此,如果可能的话,警察必须采用站立的射击姿势以及在掩护物后的强手侧活动。

另外,除非有必要,应留在掩护物后面不要离开。如果因某种原因被迫离开,如对方到了另一个位置,而对警察构成了威胁,需要改变原来位置时,应采取转移的方法,转移时必须要在自己的同伴掩护下进行;离开掩护物之前,要确认新的掩护物及移动路线;条件允许的话,要检查枪支弹药是否充足,转移时动作要快,使用最短路程到达安全地点,确定安全后重新评估形势。

在实战中,可能会出现两名或两名以上的警察同时共用一个掩护物的情况,警察必须在就位前充分考虑掩护物的面积及形状,以及该掩护物是否足够为两名或两名以上的警察提供保护。两人共用的理想的掩护物是警察可在同一时间,各自站位于掩护物体的左右一侧进行掩护。倘若两名警察必须共同使用掩护物的同一侧时,警察必须做到:

第一,离掩护物较近的警察应采用跪姿,后面的警察应采取站姿并保持身体稍前倾,同时站立的警察可略屈膝顶着下跪警察的背部,以提醒他们仍共处于掩护物的同侧。如图 (5 - 9)。

第二,如果需要拔枪,站立的警察要小心,避免枪口指向跪姿的警察,站姿警察必须将枪伸出，以至越过跪姿警察的头顶，这样做也可以避免跪姿警察突然站立时发生意外。如图（5-10）。

图 5-9

图 5-10

第三，如有必要使用长枪，应由后面站立占有较多空间的警察使用。

第四，如果警察抵达时，该掩护物已被其他警察占用，他只需用弱手轻拍占用警察的肩膀，以通知对方他已到达，然后将前者的肩膀按下，迅速做好前跪姿后站姿的掩护方法。

第五，如有第三名警察到达同一掩护物时，那么后来者就充当警戒人员或通信联络者，警戒后方和周围的环境。如图（5-10）。

三、掩护物后的观察

从掩护物后观察，通常可以使用三种基本方法（详见第二章第四节）：快速窥视法、切角观察法、反光观察法。

四、掩护物后的射击

在掩护物后开枪或是还击，一定要遵守以下原则：

第一，为减少警察身体暴露给对方射中的面积，我们尽可能地使用掩护物的侧面而不是在其顶部瞄准开枪。

第二，切勿让枪械接触到掩护物的任何部分，因为枪械的后坐力会改变、影响准确性及再次瞄准目标的速度，如果需要掩护物做支持，可以借助弱手或前臂靠着掩护物的表面进行射击。

第三，发生枪战时，即使击中了犯罪分子或犯罪嫌疑人，仍须继续瞄准对方保持警戒，对方极有可能仍存在威胁。在没有足够支援掩护自己及应付该犯罪分子或犯罪嫌疑人之前，不要轻易离开掩护物上前实施抓捕。

第四，可能的话尽量利用掩护物的强手一侧，采用站姿射击，即使在掩护物的弱手一侧开枪射击，亦应利用强手开枪。

第五，在最坏的情况下，多个目标对警察构成威胁，警察应该对构成最大威胁的目标射击，然后做出调整应付下一个最大的威胁点。

第三节 小组掩护与移动

一、利用掩护物配合行进

警察在搜索行进时，要充分利用掩护物进行保护，行动小组要相互掩护，协同配合。搜索行动小组配合行进时，在同伴的掩护下迅速到达预先确定的掩护物后，可利用各种观察方法搜索目标，同时用枪械控制危险点，确保安全之后，做出前进的手势告知后面的警察向前推进，到达下一个掩护物进行掩护，后面的警察继续推进，小组成员相互掩护交替行进。警察利用同一个掩护时，离掩护物最近的警察跪姿戒备，后面的警察持枪站姿戒备，当前面的警察确保前方安全的情况下，做向前推进的手势告知后面的警察前进搜索，并在原地站姿戒备掩护，后面的警察前进超越前面警察时，必须以低姿通过，如图（5-11），并快速到达下一个掩护物采用跪姿进行掩护，当确定前方安全时再做出同样的手势。后面的警察快速推进到之前警察的后面，利用同样的方法继续前进。如图（5-12）。

图 5-11 　　　　　　　　　　　　　　图 5-12

二、空旷地配合行进

警察在空旷地行进时，尽可能地利用地形的凸凹处、土坡的自然坡面、草丛、堆积物等一切可以利用的物体进行隐藏或隐蔽。行动小组相互配合，相互掩护，迅速安全的通过空旷地带，在同伴的火力控制下，迅速低姿或匍匐前进，如果威胁来自于前方，行进时要以"Z"字形通过，以减小身体暴露的面积。

三、具体推进方法

（一）直行通道的推进

蛙跳式推进指的是两个或者几个队员之间形成有一定正面宽度的推进队形，从而有默契地相互掩护相互推进的一种方法。当两名队员在直行通道中推进时，如果直行通道中无任何掩护物，两名队员可采取蛙跳式推进方法。

如图（5－13）所示当警员 A 静止做掩护时，将枪口指向观察角度比较大的右前方，警员 B 在警员 A 做好掩护后，可向前推进，推进时警员 B 的枪口可指向自己观察角度比较大的左前方。推进的速度要根据现场情况具体确定，如离危险点近，则要减慢推进速度，若离危险点远，可稍加快速度。每次推进的距离可根据直行通道的宽度来确定，一般情况，每次推进超过掩护队员的距离与通道的宽度相同，原因在于如果继续推进超过通道宽度距离时，就有可能进入掩护队员的火力范围，从而限制了掩护队员掩护警戒的作用。

接下来，当警员 B 完成一定距离的推进停下来后，可用事先约定的手语提示警员 A，自己已经完成推进并做好掩护了，让其向前推进，如此交替掩护向前推进。如图（5－14，5－15）

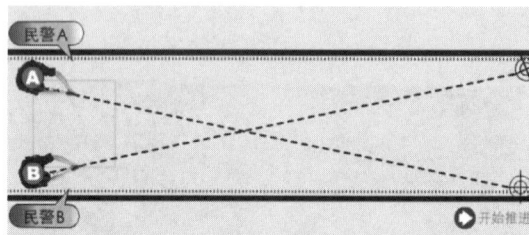

图 5－13

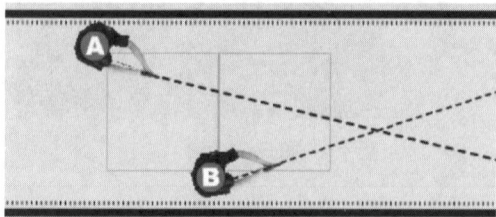

图 5－14

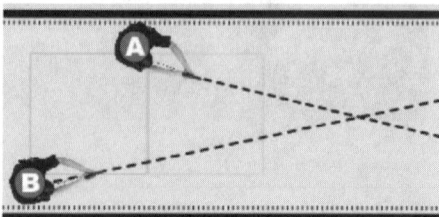

图 5－15

（二）"L"形通道的推进

"L"形通道中，如果不考虑通道中的其他因素，危险点一般指的是"L"形通道的拐角后方。因此在推进中，无论采取什么方法，始终要有人对这个危险点进行警戒，只有在确定拐角后方无危险了才能继续推进。

如图（5-16）所示，当警员 A 和 B 通过直行通道来到"L"形拐角前准备继续推进，在这个过程中，两人的枪口始终指向危险点（拐角后方），当警员 A 到达离拐角 2 米~3 米的 I 号位时，先停下来对拐角继续警戒；而后由警员 B 推进到远离拐角一侧的 II 号位置；以切角的方法，慢慢对拐角后进行观察，逐步排除危险；当警员 B 确认安全后可向前推进到 III 号位置；警员 A 确认拐角后安全，在警员 B 的掩护下推进到 IV 位置，而后再按照蛙跳式继续推进。

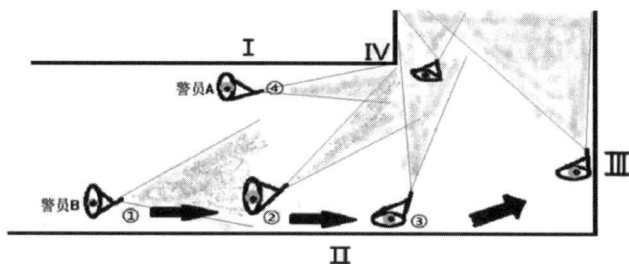

图 5-16

在实际工作中，并不是只要遇到"L"形通道时，就只有这一种方式通过，应根据实际情况和对危险的判断，灵活变通，选择最适合的方法。

（三）"T"形通道的推进

在"T"形通道的推进中，危险点比"L"形通道多了一个，即直行通道的尽头两侧都有可能存在危险，对于两人警组来说，就必须要进行分工，分别控制其中的一个危险点。

如图（5-17）所示，在直行通道时，两人可按照蛙跳式推进的方法。而后：

第一，当推进到离墙角 2 米左右的位置以后，两名警员应平排，同时将枪指向异侧的危险点，然后同时以切角观察的方法沿着墙慢慢横移，但身体不要贴紧墙。当移动到两名警员枪口快指向对方之前，由于受对方身体的遮挡不可能完全观察到所有危险区域。

第二，此时，由其中一名警员手语指挥，两人慢慢保持枪口指向并向通道中间靠拢，然后其中一名警员降低重心变为跪姿，另一名保持立姿，两人靠拢，但不要贴紧，否则会相互影响。而后同时以快速窥视法将墙角后的危险区域扫描清楚。

第三，确认没有危险并相互通告后，根据情况选择同时向"T"形通道的两个方向推进或是向其中一个通道推进。要注意的是，立姿的警员应让跪姿的先行，避免相互碰撞。

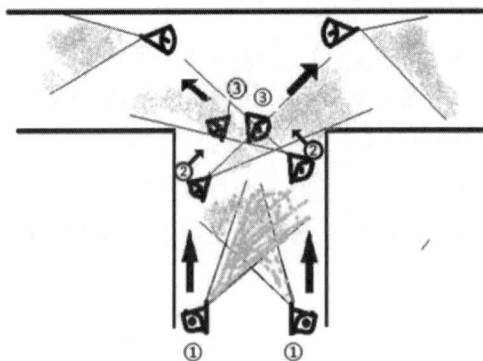

图 5 - 17

此方法的优点是始终不会失去对危险点的控制，能彻底观察危险区域；缺点是两人在通道中间，一旦受到攻击，撤退比较慢，而且其中一名警员是跪姿，撤退速度也会受到影响。

第四节　行动中手势语的使用

手势，学术上称为"集体意会"，是指在特有体系内成员的一种沟通。警察在执行一些特殊任务时，现场环境不允许发出声音，同伴之间的交流就成为是否顺利完成任务的关键因素，因此根据需要做出各种手势就能起到相互沟通的作用。熟练掌握各种手势的使用可以起到提高实战、最大保护自身安全、减少不必要的伤亡的效果。手势的基本形式是与同伴进行身体语言交流，以使同伴"感觉"到自己要朝哪个方向移动，或者明确地告诉同伴自己要控制的区域。手势是利用手指、手掌和手臂所做的动作、姿势来传达一些特定内容的通信方式。手势语没有统一的标准，只要在自己所在分队或小组统一熟练掌握即可。

一、数字

零：拇指和食指相接处形成"0"，其他手指收拢。如图（5 - 18）。

壹：伸直食指，其他手指收拢。如图（5 - 19）。

贰：伸直食指和中指，其他手指收拢。如图（5 - 20）。

叁：伸直食指、中指和无名指，其他手指收拢。如图（5 - 21）。

肆：伸直食指、中指、无名指和小指，大拇指收拢。如图（5 - 22）。

伍：伸直五指。如图（5 - 23）。

陆：伸直大拇指、小拇指，收拢其他手指。如图（5 - 24）。

柒：伸直大拇指、食指、中指并合拢在一起，其他手指收拢。如图（5 - 25）。

捌：伸直大拇指、食指，其他手指收拢。如图（5－26）。

玖：食指伸直后将第一、二指节弯曲，其他手指收拢。如图（5－27）。

图5－18

图5－19

图5－20

图5－21

图5－22

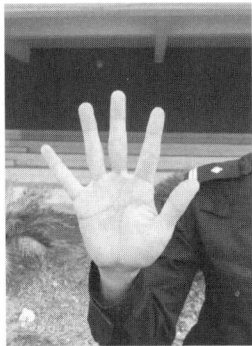
图5－23

图5－24

图5－25

图5－26

图 5 –27

二、告知

你：伸出手臂，以食指指向对方。如图（5 – 28）。

我：以食指指向自己。如图（5 – 29）。

听到：抬起手臂，虎口贴住耳背。如图（5 – 30）。

收到：伸开手，大拇指和食指呈圆圈状，与"OK"的手势相同。如图（5 – 31）。

看见：手掌的掌心稍微弯曲，手指尖紧闭，将手掌水平放置在前额。如图（5 – 32）。

明白：手腕举到面额高度并做握拳状，掌心向着发指令者。如图（5 – 33）。

不明白：手臂弯曲，掌心向上举至与肩膀同高并耸耸肩。如图（5 – 34）。

肃静：做握拳手势，竖起食指垂直置于唇上。如图（5 – 35）。

你掩护我：先用食指指向对方，然后把手举到头上，弯曲手肘，掌心盖住头顶，并做前后移动。如图（5 – 36，5 – 37）。

图 5 –28

图 5 –29

图 5 - 30

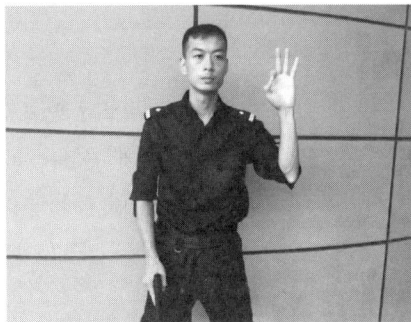

图 5 - 31

图 5 - 32

图 5 - 33

图 5 - 34

图 5 - 35

图 5 - 36

图 5 - 37

三、人物

成人：手臂向身边伸出，手部抬到肩膀高度，掌心向下。如图（5－38）。

小孩：手臂向身边伸出，手肘弯曲，掌心向下固定放在腰间。如图（5－39）。

男性：以掌心在自己面额上做上下擦拭动作，寓意是男性的胡须。如图（5－40）。

女性：掌心向着自己的胸腔，手指分开呈碗状，寓意是女性的胸部。如图（5－41）。

人质：用手卡住自己的脖子，寓意是被劫持的人质。如图（5－42）。

犯罪嫌疑人：左手食指、中指伸直其余三指蜷曲，手腕扣在右手小臂上。如图（5－43）。

狙击手：手指弯曲，像握住圆柱状物体放在眼前，如同狙击手通过瞄准镜进行观察一般。如图（5－44）。

指挥官：食指、中指、无名指并排伸直，横放在另一只手大臂中间位置上。如图（5－45）。

图 5－38

图 5－39

图 5－40

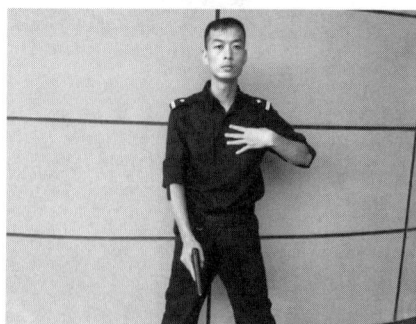

图 5－41

图 5 - 42

图 5 - 43

图 5 - 44

图 5 - 45

四、地形、物品

门口：用食指由下向上、向右、向下再向左做出一个开口矩形的手势，代表门口的形状。如图（5 - 46）。

窗户：用食指由下向上、向右、向下再向左做出闭合矩形的手势。如图（5 - 47）。

手枪：伸直大拇指及食指，互成 90 度，呈手枪姿势。如图（5 - 48）。

长枪：高举手臂，食指和拇指伸直，互成 90 度。如图（5 - 49）。

爆炸物：左手在体前，五指捏拢，再分开，手心向上。如图（5 - 50，5 - 51）。

有毒物：手指弯曲成抓状，罩在自己的鼻口上。如图（5 - 52）。

汽车：手指握紧，像握持汽车的方向盘，水平做左右圆弧摆动。如图（5 - 53）。

图 5 - 46

图 5 - 47

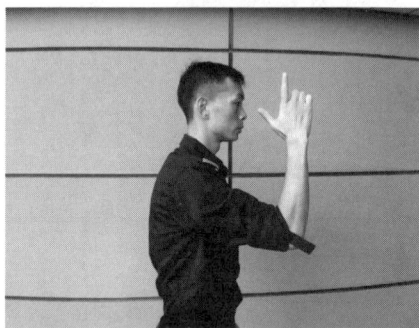

图 5 - 48

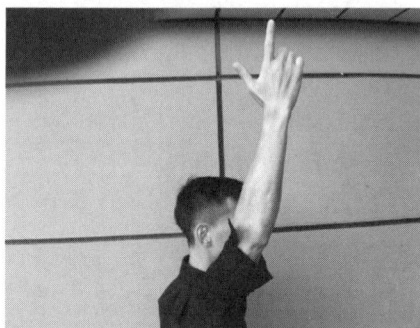

图 5 - 49

图 5 - 50

图 5 - 51

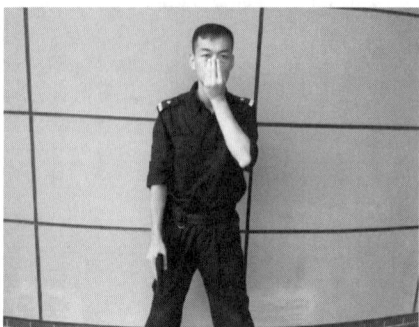

图 5 - 52

图 5 - 53

第六章

缉捕战术

第一节　缉捕战术的概念

缉捕是人民警察依法对在逃的犯罪分子或者犯罪嫌疑人进行搜查捉拿的手段；缉捕战术是指人民警察在执法过程中依法安全缉拿捕获各种违法、犯罪分子或犯罪嫌疑人的行动方法。我们可以从如下方面理解：

第一，缉捕是一种执法活动，是在相关法律规定的范围内进行的执法活动。

第二，缉捕必须在安全的前提下进行。被捕者为了逃脱法律制裁，会采取各种持刀、持枪等极其凶残的反捕活动，警察必须要确保自身的安全、群众的安全、国家财产的安全以及缉捕对象的安全等。

第三，缉捕应是一种经过深思熟虑后的行动。缉捕并非简单的对抗搏斗，它需要相应的战术理念支撑。在缉捕行动中必须体现控制为先的理念，要充分地结合情报信息规范设计方案，还应根据情报制定好突发情况的应对措施，能做到弹性处置。

第四，缉捕是一种谋略行为。它不仅是对一个或几个违法犯罪分子或犯罪嫌疑人的缉拿捕获行动，更要考虑到整个案件处置的"后效应"问题，即一个案件所涉及的违法、犯罪分子或犯罪嫌疑人的一网打尽问题。

第五，缉捕的对象是违法、犯罪分子或犯罪嫌疑人。我国每年都有民警在缉捕案犯时，造成不同程度的伤亡现象，如何提高民警缉捕技战术，避免不必要的伤亡是当前乃至日后警务实战训练的一项重要课题。我们必须正确掌握缉捕战术的概念，充分理解其含义，这对缉捕战术的实战应用具有重要的现实作用。

第二节 缉捕战术的类型与程序

一、缉捕行动战术类型

尽管在现实社会中的违法犯罪嫌疑人的活动无处不在，居无定所，但只要我们认真分析研究，仍能发现其规律。如根据缉捕时间不同来分类可分为：白天缉捕和晚间缉捕，其中白天又可分为早晨、上午、中午和下午的缉捕；晚上又可分为傍晚、午夜、子夜的缉捕等。根据不同地点的缉捕行动又可分为：室内缉捕、室外缉捕，室内缉捕又可分为宾馆酒店缉捕、出租屋住宅缉捕、办公场所缉捕等；室外缉捕又可分为闹市区缉捕、郊外缉捕、山林地缉捕等。根据犯罪违法犯罪嫌疑人所乘载体不同，缉捕行动可分为公共汽车上的缉捕、火车上的缉捕、飞机上的缉捕、船上的缉捕、私家车上的缉捕等。根据不同时间和地点的缉捕又可以采取不同的缉捕形式，如诱捕、追捕、搜捕、围捕、伏击、袭击、强攻等。

二、缉捕行动的战术程序

人民警察进行缉捕行动必须遵循法律规定的程序。这既是有关法律对警察进行缉捕行动行为和权力的规定，也是缉捕行动成功和失败的经验教训的总结，是警察进行缉捕行动的特点与规律的集中体现。人民警察进行缉捕行动的实践证明，只有遵循法律规定的程序，才能发挥战术应有的效能，才能安全有效地完成缉捕任务。对违法犯罪嫌疑人的缉捕，有以下几个程序：

（一）情报信息收集分析判断评估

人民警察进行缉捕行动前的准备，主要是情报信息收集与分析判断评估，收集的途径通常来自对报案人、受害人、目击者及一般知情人的了解；通过对犯罪嫌疑人的同伙及狱友进行了解；通过秘密力量；借助技术侦察部门及刑事犯罪情报信息库；通过对情报与提供者之间的关系、情报的来源渠道是否正常、情报内容的真实性及各环节是否直接可靠等方面的分析作出正确的判断评估，从而刻画出缉捕对象。

1. 收集情报信息

（1）犯罪嫌疑人的基本情况：犯罪的类型、性质、人数、性别、年龄、经历、体貌特征、心理特征、特长；可能藏匿的地点、出没活动的地点及企图；反抗拒捕的可能性、方式及程度；家庭情况、社会关系；是否携带凶器、武器或者其他危险物品及其数量、种类等，随时掌握其变化情况。

（2）现场环境的基本情况：犯罪嫌疑人所处的位置；建筑物的类型结构、出入口及数量、与周边建筑物的关系；建筑物内是否有家禽、易燃易爆物品等。

（3）现场周边的社情：现场及附近群众的法制意识、政治素质；民风习俗、宗教信仰；现场周边的人、车流量；犯罪嫌疑人与周边的关系；是否在加油站等危险场所附近；是否在省市的交界处等。

（4）我情：参与行动的警种、人数、经验、技能与战术方面的优劣；武器、警械以及数量；是否设计多套方案以及可行性；通讯联络状况、后勤保障、医疗救护等。

（5）天候情况：白天、黑夜、风、雨、雷电等因素。注意关注的天气包括警察所在地和抓捕嫌疑人所在地，还应计算警察到达缉捕嫌疑人所在地路途所需时间，关注天气时也应包含到达缉捕地后的天气情况和黑白状况等。

2. 分析判断评估

在掌握大量的情报信息后，应当及时进行分析、判断、评估。包括：对犯罪嫌疑人情况的分析、判断、评估，主要弄清缉捕对象的人数、位置、动机、心理变化、反抗方式、特长、藏匿地点和可能逃窜的路线等；对双方力量的分析判断评估，主要弄清人数、装备等；对缉捕现场条件的分析判断评估，主要分析环境、结构、地形、道路等条件对双方行动的利弊关系；对社情的分析判断评估，主要弄清缉捕对象与其亲属、周围居民及其他人的关系如何；对天气、时间的分析判断评估，主要弄清各种不同天候、时间等条件对双方行动的利弊关系。

（二）制订行动战术方案

缉捕人员在对情报信息分析判断评估的基础上规范设计出缉捕行动方案，且应具有科学、合理、谋略、实用、实效的特点。根据行动的层级、规模、时间等要求，制定书面的或口头的方案。缉捕行动战术方案的主要内容包括：缉捕行动的形式，如诱捕（直接诱捕、间接诱捕）、突袭（定点突袭、跟踪突袭、设伏突袭）围捕、追捕及搜捕等，警力部署通常按照3∶1的比例布置，根据案件性质和缉捕对象的数量多少、实施缉捕行动的地点，进行警力布控；分工合作；战术协同；技术手段；行动路线；行动时机；突发意外的应急处置等。虽然缉捕行动的不确定因素很多，但还是有规律可循，在缉捕行动战术方案设计时应考虑以下几个问题：量敌用兵之适度的警力优势对比；把握行动的重心和关节点；注意考虑行动的"后效应"；多谋善变者胜。

（三）组织行动保障

组织行动保障，是指指挥员根据缉捕行动的需要和实际情况，对缉捕行动过程所需要的各种保障而进行的组织、落实工作。通常保障的内容有：情报信息、武器装备、交通运输、通信联络、抢险救护以及生活供给等。缉捕行动中既有分工，又有合作，因为警察执法是讲团队精神的，靠单打独斗是非常危险的。根据缉捕行动的需要，将警力进行分组，各组明确任务、职责、地点或区域、识别标记和需要达到的行动目的；明确指挥员的指挥位置和指挥方式，明确各组之间的协同时机、协同方式、联系方法，以及出现意外情况时的任务转换、相互支援、交替掩护等。一般情况下行动分为三个组：缉捕组、控制组、接应组，每个组根据具体情况又可分为多个小组，在情况发生变化时，各组的角色可以互换，也可以根据需要进行增减。

（四）缉捕行动的实施

1. 到达预定位置

针对有准备的缉捕行动，应当派控制组先期到达现场，进一步掌握落实情报信息和现场的情况，对缉捕现场环境、建筑物结构特点、社情等情况进行进一步确认，及时将现场的情况报告指挥员，待得到指示后，抓捕组、围捕组、机动组等随后跟上；到达的位置要便于隐蔽、观察和出击。

2. 接敌

"接敌是危险的开始"，到了这个环节缉捕人员应该有高度的警惕性才行。接敌分为两种：一是民警由集结地点向缉捕现场预定位置的移动、接近；二是当行动开始时，实施缉捕的民警由预定位置向犯罪嫌疑人所处的位置移动与接近。接敌的方式应因案、因情、因地、因人、因时而定。常用的接敌方式有：

（1）便衣伪装接敌，即民警在执行抓捕任务或者便衣侦查时，便衣伪装要与当地自然环境和当时的气氛相符合，做到因时、因地、因不同情况而异，千万不能生搬硬套，弄巧成拙。便衣执行抓捕时，也必须同时派出掩护、接应的战斗小组，保证准确及时地抓捕犯罪嫌疑人。

（2）借口接敌，即缉捕人员以伪装的身份，以给缉捕目标提供某种需求为借口，接近目标的方法。

（3）隐蔽接敌，即缉捕人员利用各种地形作掩护，从目标观察、射击的死角隐蔽接近目标的方法。通常是在缉捕行动未暴露的情况下使用。

（4）迂回接敌，即缉捕人员迂回到缉捕目标观察、射击的两侧或侧后接近目标的方法。必要时可采用正面牵制吸引对方的注意力、火力，同时采取两侧或侧后迂回接近的方法接敌。

（5）搜索接敌，即在缉捕目标的具体位置不明确区域内，边搜寻边接近的方法。搜索接近犯罪嫌疑人时要随时利用地形地物掩护自己，确保自身安全，搜索接敌有两种情况：一种是犯罪嫌疑人已经发现了民警；另一种是犯罪嫌疑人没有发现民警。对于前一种情况，是"敌暗我明"缉捕人员更容易遭受到攻击，所以更应该保持高度警惕，随时做好快速反击的准备。

（6）强攻接敌，强攻接敌即对犯罪嫌疑人处所实施强行猛烈的攻击，是情况情急、万不得已时采取的方式，强攻接敌要求民警的装备和警力占优势的情况下进行，否则不能采用。

3. 攻击捕获控制

（1）攻击捕获时要求听从指挥，注意观察信号。要求参战民警必须服从命令、听从指挥，按照抓捕方案中约定好的信号统一行动。根据案件的性质确定攻击的方式及顺序。攻击方式主要有：政策攻心，瓦解内部；投掷烟雾弹、催泪弹；使用狙击手击伤或击毙犯罪嫌疑人；使用徒手控制技术抓捕控制等。注意强攻与佯攻的配合。当犯罪嫌疑人隐蔽在比较坚固、隐蔽的地形、地物或建筑物中负隅顽抗，警方无法组织有效攻击时，可采取给犯罪嫌疑人造成我方包围不严，可乘隙逃命的错觉。而当犯罪嫌疑人一旦离开有利地形地物出逃时，抓捕人员再寻机捕歼或者异地设伏。

（2）抓捕过程中的控制包括：对缉捕对象所处场所的控制；对缉捕对象所处现场周围环境的控制；对缉捕对象的控制；对现场的相关人员进行控制；对现场的无关人员进行有效控制；对可能出现的意外情况的控制等。

4. 搜身

在控制缉捕对象后，应先上铐，后搜身。对缉捕对象进行彻底的搜身，目的是搜缴其凶器、武器等危险物品，查获各种犯罪证据。搜身的方法可根据现场的情况灵活运用，搜身过程应对周围环境进行严密警戒，防止出现意外情况（详见第三章第四节搜身）。

5. 押解

押解指将犯罪嫌疑人从缉捕现场押解至羁押处所的过程。押解时，应采取安全、牢靠的约束措施，也可用专用工具或者其衣物将其头面部进行遮掩，保持高度警惕，随时应对突发情况，严防缉捕对象反抗或自残、自伤、自杀现象的发生，确保顺利羁押其到目的地。必要时也可对犯罪嫌疑人进行现场突审后，再行押解（详见第七章第三节押解技战术）。

（五）缉捕行动结束后的工作

第一，及时通知外围各行动组，按计划向中心现场靠拢。

第二，报告情况，即将缉捕行动任务完成的情况及时向上级报告，听取上级的指示。

第三，现场救护，如果出现伤亡情况，应立即采取救治或送医院抢救。

第四，就地突审，如果案情需要可就地突审，为下一步行动创造条件。

第五，保护现场，特别是发生枪战和搏斗的现场，如出现伤亡，应当及时抢救伤员，保护现场，并立即向上级公安机关报告，及时进行勘验、调查，通知其家属或者单位人员，并对现场布置警戒，进行封锁，保护好现场的原始面貌。

第六，搜查清理现场，即对现场及现场遗留物品进行搜寻、检查、清点、甄别、取证和保护。重点是搜查、清理与犯罪嫌疑人有关的作案工具、赃物、赃款等犯罪证据。

第七，组织撤离。上述工作结束后，指挥员应及时通知有关人员清点人员、武器、装备等，组织有序地撤离现场。

第三节　不同类型缉捕行动的战术应用

警察在执法过程中，缉捕行动通常应当按照本章第二节所述程序完成，但缉捕行动是多种多样的，不同时间、不同地点、不同地点、不同案情等所采取的行动方法截然不同。结合公安实际，将常见的缉捕行动中有代表性的几类场所分析介绍如下：

一、在公共复杂场所缉捕

（一）公共复杂场所特点

公共复杂场所包括歌厅、酒吧、茶吧、咖啡厅、迪厅、夜总会、洗浴中心、发廊、酒店、商场、医院、学校、集市、加油站、车站、码头、机场等人群密集，环境及内部结构复杂的场所，对缉捕民警发现和识别、确认犯罪嫌疑人极为不利，而且在抓捕过程中，容易引起人群混乱，误伤无辜群众，或者导致犯罪嫌疑人混入人群逃跑或劫持人质的后果。公共场所的缉捕行动在很多方面受到制约，如警察对武器的使用就会受到客观因素的影响，而违法犯罪嫌疑人则是无所顾忌；在群众和媒体的监督下行动，警察的心理压力也会增大，这样就直接影响到缉捕行动的成败，从而对缉捕行动提出了更高的要求。但是，这样的环境也有利于缉捕人员隐蔽地接近缉捕对象，实施突然抓捕。

（二）公共复杂场所缉捕行动的战术要点

（1）准确的情报信息。搜集准备的情报是缉捕行动的首要前提，由于犯罪嫌疑人反抗的不确定性，以及公共场所环境的复杂性，加大了缉捕行动的难度。若要保证缉捕行动的成功，就必须在行动之前充分了解和搜集各种详细、准确的情报。搜集的情报信息范围主要包括：

第一，犯罪嫌疑人的犯罪性质、动机、经历、心理特征、技能特长等。

第二，所持凶器、武器的种类、性能、数量及杀伤力等。

第三，现场的环境情况，到达现场的路线，犯罪嫌疑人可能逃跑的路线，现场是否可以形成立体监控等。

第四，在时间和条件允许时，还应尽量搜集更为详细的情报信息，强化自我保护意识，牢记"防身三宝"，用"加一理念"进行评估，从最危险、最困难处着想，提前做出用枪准备，随时准备用火力压制和有效反击。

（2）应尽量避免在加油站、加气站等易燃易爆地点，重要的公共设施、重要的首长住宅，车站、码头、机场等人群密集的地方设施抓捕行动。抓捕时应尽量将犯罪嫌疑人吸引到偏僻的地方实施，防止在抓捕时引起人群混乱、误伤群众、抓捕对象劫持人质或引起更大的灾难性事件的发生。

（3）抓捕方案的制定要结合实际，明确抓捕组、外围控制组、支援组等，同时对警械具、武器、通信工具进行合理的分配。抓捕的最好方法就是抓捕人员巧妙化妆隐蔽接近，在对方毫无防备的情况下实施，常用的抓捕方案有：

第一，亮明警察身份公开主动实施抓捕。公开主动实施抓捕必须确定警力和装备的优势，到达现场后民警应始终处于高度戒备状态。

第二，化装隐蔽实施突袭抓捕。实施化装隐蔽抓捕时，必须要考虑是徒步、乘坐警车还是乘坐地方牌照轿车前往，以及车辆停放的位置等。

第三，在犯罪嫌疑人可能经过的地方实施蹲坑守候抓捕。

第四，根据现场情况，民警利用公开身份和秘密身份结合将犯罪嫌疑人诱出实施诱捕。

（4）在复杂场所实施抓捕时，民警应高度警惕接近你的陌生人，防止被袭击或者被抢夺你的警械具、武器，保持对抓捕对象的绝对控制，行动要迅速果断。在光线较暗的公共娱乐场所抓捕，必须带上搜索灯，防止遭受犯罪嫌疑人突如其来的袭击。抓捕后及时搜身，对现场进行清理，寻找犯罪嫌疑人的各种犯罪证据，然后迅速进行撤离，防止现场出现混乱。

（5）当犯罪嫌疑人处于歌厅、酒店、洗浴中心、电影院等场所时，可在这些场所的出入口、楼梯、停车场等地点进行守候，待犯罪嫌疑人出现时，实施突袭抓捕。但由于歌厅、舞厅、夜总会等场所，内部环境结构复杂，人员较多，且灯光昏暗，抓捕对象易于藏身，抓捕行动前侦查员应认真对抓捕对象进行识别和确认，防止错抓和误捕。

（6）抓捕行动必须要在围控犯罪嫌疑人的状态下实施，防止犯罪嫌疑人逃脱。外围控制组必须对抓捕现场出入口进行有效的控制。

（7）由于公共场所现场人员多，空间相对狭小，抓捕对象又混迹于人群中，要尽量避免枪支等杀伤性武器，即使在特殊情况下，必须使用枪支时，也要特别注意把握射击时机和射击指向，避免误伤无辜群众。

二、楼房中缉捕行动

（一）楼房中缉捕特点

在居民楼及饭店等高层建筑中的缉捕行动非常多见，在楼房中的缉捕行动与一般环境中的缉捕相比较有其自身的特点。楼房等高层建筑物，不光包含着房间内的建筑格局，还由楼梯、电梯、天台、楼道等复杂的建筑环境组成。还需要民警在缉捕过程中通过严密的队组配合，充分利用楼梯、拐角、电梯、天台等，在确保自身安全的情况下，有效地控制整个缉捕过程，缉捕前必须按照本章第二节的缉捕程序严格计划执行。

（二）楼房缉捕行动的战术要点

1. 在准备楼房缉捕行动前需要考虑到的几个问题

（1）收集楼房的平面图、层面图、楼梯、电梯的数目等，明确楼房的性质是住宅还是商业楼房等有关楼房任何情况的收集。

（2）如果时间允许，最好能在同一类型的楼房或楼房内同一类型房间进行演习。

（3）抓捕时根据最低警力原则配足警力；出现突发情况后，要有足够的增援警力及时增援。

（4）如果一旦出现紧急情况，考虑后撤的途径。

（5）抓捕计划一旦暴露，要考虑犯罪嫌疑人有跳楼和往楼下扔赃、证物的可能。

2. 外围警戒组的设置

外围警戒组的设置是在通往缉捕中心的主要路口，秘密地设置警戒，主要任务是对于进出缉捕现场的犯罪嫌疑人实施有效控制，要求外围警戒组必须要隐蔽，随时提高警惕，不能被犯罪嫌疑人发现。

3. 围捕组的设置

围捕组的设置主要是对抓捕中心现场实施有效的秘密围困，要求围捕组尽量接近抓捕现场，主要任务是在抓捕现场四周严密的监视控制抓捕现场的一切可疑情况，封锁进出抓捕现场的一切通道，防止犯罪嫌疑人从楼上往楼下扔赃、证物，毁灭证据，对跑出抓捕现场和在现场反抗的犯罪嫌疑人及时围控抓捕。

4. 突击抓捕组的设置

突击抓捕组的主要任务是进入抓捕中心现场对犯罪嫌疑人直接实施突击抓捕。突击抓捕组在进入楼房现场时的战术要点包括：

（1）楼房门口的杂物，会对抓捕人员构成潜在危险，因此必须首先将楼门口的杂物进行清理保证安全。抓捕民警不能在进入房门前全部分布在房门口，应分布在房门两侧，以防被犯罪嫌疑人发现后隔着门板向民警开枪射击。在抓捕行动前如果有可能应当在邻近楼房较高的位置设立观察点，对抓捕现场实施有效的监视控制，有情况马上通知到抓捕现场。

（2）楼梯是楼房抓捕的特点之一。详细请见第五章搜索。

（3）抓捕组在行动时尽量不要使用电梯，在电梯中实施抓捕容易跟犯罪嫌疑人形成单一照面，这样警力不占优势，又容易使犯罪嫌疑人从电梯中逃跑。如果条件允许，当抓捕组进入楼房后，应关掉电梯。

（4）抓捕组不断推进时应注意对楼层的控制，到达每层后应有指派的民警控制这层楼道的安全，确保整个抓捕队伍的安全前进。

（5）走廊及通道中所有能躲藏犯罪嫌疑人的地方必须安全搜索，确保安全后才可以通过；整个抓捕组在走廊及通道推进时必须有掩护意识，特别留意走廊及通道两侧的房间，如果发现房间内有可疑，应将房间搜索安全后才可以继续推进。

（6）当接近到达抓捕目标的房间后，按照房屋抓捕的原则进行抓捕，具体的方法见平房突入方法。

三、平房缉捕行动的战术要点

（一）平房中缉捕特点

在目前众多的缉捕案例中，在四合院、排子房的环境中组织抓捕行动相当常见。犯罪嫌疑人常利用平房院落这种复杂的居住环境隐蔽自己，对抓捕民警来说，平房院落存在着人员复杂，环境复杂，危险区域多等情况，诸如此类的不利因素对民警的自身安全及抓捕的顺利进行造成很大的困难。

（二）平房缉捕行动的战术要点

第一，抓捕前对现场情况信息的了解。包括：平房院落的类型（四合院、排子房等），平房院落内部的结构、布局和门窗，包括门窗的开启方法；缉捕中心现场与周边平房院落的连接情况，犯罪嫌疑人可能逃窜的路线；平房院落进出口的分布及其他可供犯罪嫌疑人逃窜或藏匿的位置；平房院落内人员居住和流动的情况；易燃易爆物品的存储数量及存储位置；犯罪嫌疑人的人数、性别、年龄、体态、相貌特征、特长等；犯罪嫌疑人可能持有的凶器、武器等；犯罪嫌疑人最后从民警或举报人的视线消失的时间、位置等。

第二，对平房院落所有出入口进行布控并设立观察点，以形成对行动区域的可靠封锁，并检查装备和器材。行动时观察到情况有新的变化时，及时调整行动的方案。

第三，展开抓捕行动时，外围警戒控制组（机动组）、围捕组、突击抓捕组依次到位。（进入房门请见第五章搜索）跳墙进入院内后，要先打开院门，形成相互支援，组织协调有序，也便于撤离。

第四，突入室内控制。突击抓捕组进门后应迅速扫视室内情况，若五人活动，则应立即判断可能出现威胁的位置（如门后、家居内、床下等）并配合对所有潜在的危险点进行控制，然后逐一排查，排查时必须保证最低警力、小组配合、分工明确，若发现有人，则应大声发出语言控制类命令，随时做好射击准备。

第五，抓捕组应穿上必备的防护器材，保护好自身安全；抓捕过程中民警的行动与沟通应尽量使用手语，保持安静；明确分工后，没有特殊情况，民警不能擅离职守。

四、山林地缉捕行动的战术要点

（一）山林地缉捕特点

山林地地貌地形具有面积大，山势连绵、山道崎岖、草木纵横、景象复杂，观察视野受阻等特点，犯罪嫌疑人便于利用特殊的地貌隐匿和逃跑，搜索民警难以发现与控制，缉捕行动因此具有极大的危险性。缉捕嫌疑人的过程充满着艰辛和危险，特别是搜捕那些非法携带枪支和爆炸物及各种凶器藏身于山高密林环境的犯罪嫌疑人，这些人依托着复杂险恶的自然环境，相对于民警，他们躲在阴暗处，可随心所欲地选择有利地形，随时可能攻击民警。毋庸置疑，执行搜捕行动的民警将会受到非常严重的威胁，搜捕行动任何一丝一毫的不慎，都将带来意想不到的严重后果，甚至是流血牺牲。这就要求缉捕民警熟练掌握查缉战术动作和良好的战术意识，能在实战中灵活运用，达到最大限度地减少伤亡，有效保护群众和自身安全。

（二）山林地缉捕战术要点

第一，做好前期情报调研分析，制定合理方案，保证装备、警力优势，做好后勤保障工作，包括侦查工具、生活用品等，如望远镜、指南针、探照灯、杀伤性和非杀伤性武器、水、食品、医疗包等。

第二，充分调研山林区域的地形地貌，制定缉捕战术和方案。《孙子兵法》的《地形篇》曾有论述："地形有通者，有挂者，有支者，有隘者，有险者，有远者。……夫地形者，兵之助也。料敌制胜，计险厄远近，上将之道也。知此而用战者必胜，不知此而用战者必败"。这告诫我们地形多种多样，千姿百态，我们必须熟悉利用起来，主动考察地形险境，计算道路的通达远近，充分利用山林、丘陵地带所具备的地貌及其遮蔽物的地形特点，将其用作用兵作战的辅助条件，正确分析判断敌情，制定合理搜捕计划，达到事半功倍的效果。

第三，搜捕过程要在观察上下功夫，不但要看风吹草动，而且要兼听异常的声响，根据不同的地貌地物的特征，迅速找出该区域的观察点或制高点并秘密派出人员占领它，使之成为观察和搜索行动的联络导向点，如果搜索区域过大，可建立多个观察联络点，居高临下，做鸟瞰式观察，保持联络通畅，准确及时掌握敌情，为整个搜捕行动的统一部署打下坚实基础。

第四，制定合适的小组战术队形，推进过程不要妨碍其他队友或射手的动作和武器射击，不要几个人拥挤在一起，视情况灵活变换位置并迅速抢占有利地形；不要在一个地方停留过久，各小组搜索中出现的情况要及时向指挥中心报告，各小组运用无线电耳机或者手势相互沟通保持联络。

第五，使用警犬搜捕，运用谋略。警犬搜捕是公安机关发现寻找并有效控制犯罪嫌疑人的一项常用侦查措施。结合犯罪嫌疑人的具体情况、具体案情、警力资源以及搜捕现场环境、态势等诸多因素进行通盘考虑，采取最适合当时情形的谋略，如："情报导侦，预付守候""围而不打，赶入鸟笼""寻踪马迹，张网以待"等，有效减少搜捕人员的伤亡，将警犬搜捕效能发挥至最大。

第 七 章

徒手控制与押解

第一节 徒手控制技术的概念与要求

一、徒手控制概念

徒手控制技术指的是人民警察在执行任务时，运用徒手武力将歹徒擒获、制服、抓捕控制的技术总和。徒手控制技术是一种在遇到不能或是不便使用警械和武器的情况下，使用徒手攻防技术制止暴力抗法、保护自身安全、抓捕犯罪嫌疑人所采用的技术。警察在警务活动中往往是和一些不计后果的犯罪嫌疑人较量，掌握一定的徒手控制技能是警察职业的特殊要求。警察使用徒手控制技术的情境包括：盘查时遇有暴力袭警时、缉捕行动最后的抓捕上铐时、徒手押解时、服刑人员不服从管理袭警时等。徒手控制技术是对暴力抗击执法的防止、控制和制止，是围绕以执法控制为目的而适时、适度地打击犯罪嫌疑人的暴力行为，制止暴力犯罪，预防袭警，在彻底控制住犯罪嫌疑人的情况下将其抓捕归案。

二、徒手控制技术要求

1. 徒手抓捕技术动作要简单、实用，便于配合

为适应不同抓捕环境，民警往往努力掌握各种控制技术，以期在行动中灵活运用。其实，这恰是走入了徒手控制的误区，增添自身训练负担。"千招会不如一招精"，不仅指选取适合自己且实用的技术进行熟练掌握，更重要的是在掌握基本技术的基础上，根据环境与情况不同，将其有效迁移、灵活变换，从而解决新的问题。从执法角度来讲，与犯罪嫌疑人对抗的时间越短越好，因此，民警应不断积累实战经验，总结针对不同的抓捕环境，选择简单、实用、利于配合的动作，便于掌握，利于普及和推广。

2. 突出徒手控制动作的"快""准""狠"

徒手抓捕技术的使用离不开"快""准""狠"三个字。因此，在徒手抓捕技术的教学中，教官也要着重突出三字方针。"快"意指出其不意、攻其不备；"准"指部位

准、击打要害无误；"狠"代表着力量大、拿其一处、制其全身。教学训练中应围绕着"快""准""狠"三个字来加强与提高。

3. 使用配合抓捕技术要形成警力优势

配合抓捕技术要求多警抓捕一名犯罪嫌疑人时，应建立警力对比优势，这样就具有抓捕犯罪嫌疑人的可靠性和保存自己的有效性。但优势警力的投入也不能超过实际需要，如果人员过多，就不易达成动作的突然性，容易在现场形成过大警力密度，妨碍了抓捕技术的有效发挥。

4. 徒手控制技术应充分考虑犯罪嫌疑人的身形特点

犯罪嫌疑人的身形特点也决定了在使用徒手控制技术过程中，存在着不同的差异，犯罪嫌疑人的体型、身高、体重、行走姿态、习惯动作与反捕能力都是影响控制具体效果的因素，因此，教官要在训练讲解中结合嫌疑人的不同特点进行分析讲解。

5. 在运用徒手控制嫌疑人过程中，要按照武力控制等级要求，不要越级使用武力，不过度使用武力

应注意保障其合法权益，这也是构建和谐社会与人性化执法理念对一线实战民警提出的更高要求。随着社会法制的健全，人们的法律意识越来越强，这就要求警察在执法过程中必须知法守法，依法履行职责，使用最低伤害武力控制技术。例如，通过按压人体各神经点使其疼痛并服从或击打人体肌肉群来达到使嫌疑人分散注意力、局部失去知觉、失去平衡、甚至不能活动的效果。

第二节　徒手控制技术的训练及运用

徒手控制技术门类、招数众多，本节根据徒手控制技术要求，力求总结出简单、实用、易学、易练的技术动作，并结合徒手低伤害武力控制分析研究，编写以下技术动作。

一、压点控制技术

（一）人体固定

"固定"指的是控制或者限制嫌疑人不变动或者不移动的意思，是一个人或多个人使用简单的抓、握、按、拿，或是使用擒拿关节的技术固定嫌疑人。只有达到将实施按压的部位控制到相对稳定的状态，才能较好地实施按压技术。

1. 对于坐姿嫌疑人的固定

跨左脚于嫌疑人的身体左侧，成左弓步的同时，左手掌托住嫌疑人的下巴，左胸由后托住嫌疑人的头顶；右手掌抱住嫌疑人的脑门，右肘尖按压住嫌疑人的肩窝。双

手合力将嫌疑人固定。双手动作可互换。如图（7-1，7-2）。

图7-1

图7-2

动作要求：固定嫌疑人时的步型要扎稳，重心要稳定（注：这里讲的固定都是在嫌疑人被控制手臂之后实施的，以下均相同）。

2. 对站姿嫌疑人的固定

可分为与嫌疑人面对面站立和站立在嫌疑人背后两种姿态。双手合力将嫌疑人头部（脑门或者后脑勺）固定在自己的左肩窝或者右肩窝上。如图（7-3，7-4）。

图7-3

图7-4

动作要求：固定时重心要稳定，要用双手与头部和合力固定嫌疑人头部。

3. 对卧姿嫌疑人的固定

可分为嫌疑人仰卧和俯卧两种姿势的固定。首先应当将嫌疑人头部固定在地面，通常我们用左手固定嫌疑人，将嫌疑人头部推向自己站位的异侧，用右手实施按压技术。如图（7-5，7-6）。

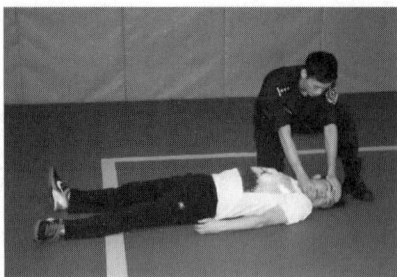

图 7 −5

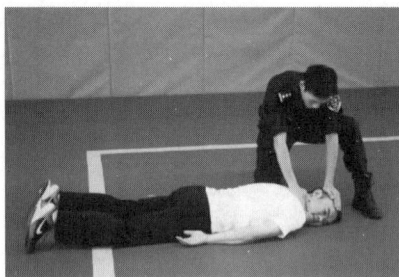

图 7 −6

动作要求：实施固定的手臂通常推按嫌疑人头盖骨侧面位置。

（二）头部按压

1. 下颌骨角神经点的按压

下颌骨角神经位于耳朵后面下颌骨角的凹陷处。用大拇指指尖进行按压，朝鼻尖方向发力。

（1）对坐姿嫌疑人的按压。在固定的基础上，施压下颌骨角神经处，逐渐加大按压的力度，直到嫌疑人服从为止。如图（7 −7，7 −8）。

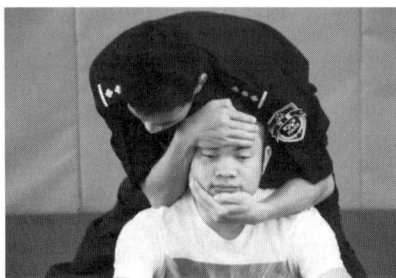

图 7 −7

图 7 −8

动作要求：固定要稳固，发力方向要正确，同时用口头命令让嫌疑人服从。

（2）对站姿嫌疑人的按压。在站姿固定的基础上，用大拇指进行按压。如图（7 −9，7 −10）。

图 7 - 9

图 7 - 10

动作要求：按压时双手应形成合力，右手大拇指指腹应朝向侧面，以便达到更好的按压效果。

（3）对卧姿嫌疑人的按压。在卧姿固定的基础上，用大拇指指尖按压。如图（7 - 11，7 - 12）。

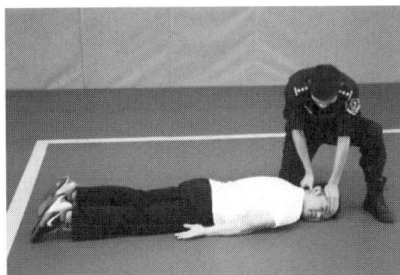

图 7 - 11

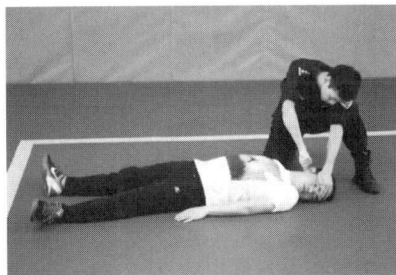

图 7 - 12

动作要求：按压过程不能放松左手的固定发力，发力方向要正确。

2. 舌下神经点的按压

舌下神经位于下颌骨正下方两侧，面积较宽。可用大拇指按压，也可以用其余四指按压。舌下神经一般是在嫌疑人久坐不愿意起立时，常使用的让嫌疑人起立的方法。

（1）位于嫌疑人正后方的按压。左手掌固定嫌疑人的头部将嫌疑人头部紧贴自己左胸，而后用右手大拇指抵嫌疑人舌下神经并向正上方发力。嫌疑人为缓解疼痛而被迫起立。如图（7 - 13，7 - 14）。

图 7 - 13

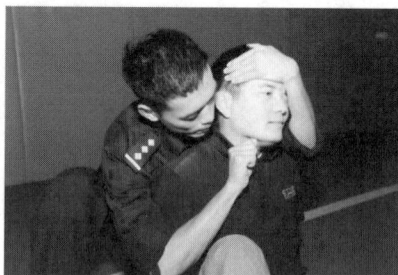

图 7 - 14

动作要求：按压位置要准确，并且用口头命令嫌疑人，如："起来"。

（2）位于嫌疑人正前方的按压。双手大拇指和食指合力将嫌疑人头部固定，其余三指抵住嫌疑人舌下神经，同时胸部贴住嫌疑人头部，用力向正后方牵拉，使嫌疑人舌下神经疼痛被迫起身。如图（7 - 15，7 - 16，7 - 17，7 - 18）。

图 7 - 15

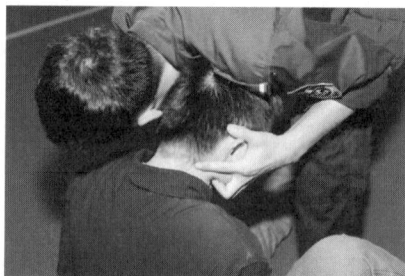

图 7 - 16

图 7 - 17

图 7 - 18

动作要求：双手固定要到位，按压点要准确，要实施口头命令。

3. 眶内神经点的按压

眶内神经位于两鼻孔中央正下方。按压时用食指第二指节外侧向头顶百会穴方向发力，有时可结合左右摆动发力按压。

（1）按压坐姿的嫌疑人。在固定嫌疑人头部的基础上，右手变掌，慢慢下滑至眶内神经处，而后向头顶方向发力按压，或者结合左右摆动加大按压力度。如图（7 -

19，7－20）。

图 7－19

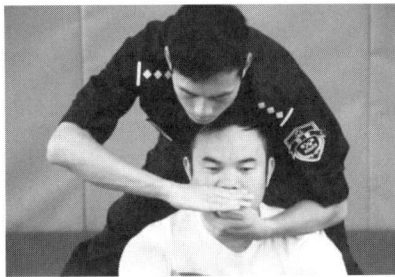
图 7－20

动作要求：按压位置要准确，发力逐渐加大。

（2）按压其他姿势嫌疑人。在按压站立或者卧姿嫌疑人时，可结合下颌骨角神经用大拇指按压下颌骨角神经点和食指外沿按压眶内神经两处神经点，使嫌疑人服从。如图（7－21，7－22，7－23，7－24）。

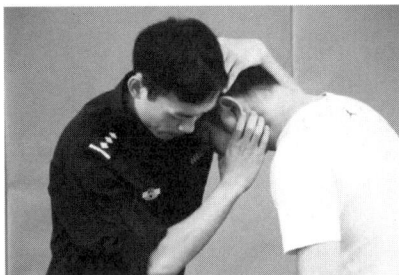
图 7－21

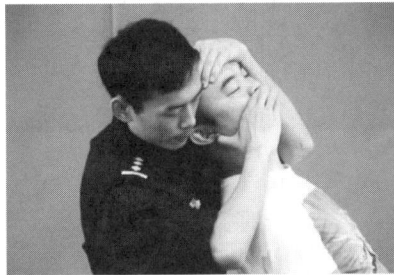
图 7－22

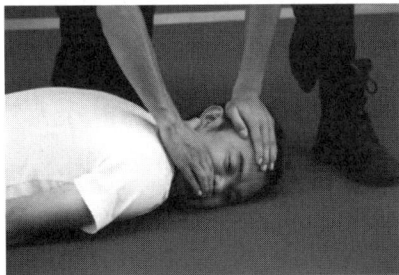
图 7－23

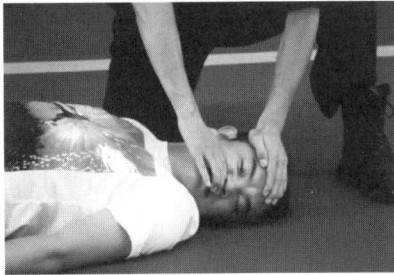
图 7－24

动作要求：应运用大拇指与食指的合力完成。

（三）手臂按压

手臂的按压技术通常在卧姿的基础上用膝盖实施按压，可分为仰卧和俯卧两种姿势，按压前应对嫌疑人实施固定，按压的部位应紧贴地面，才能收获更好的按压效果。

跪压时应在嫌疑人服从或者某处关节被控制的基础上实施。具体按压方法如下：

1. 桡侧神经点的按压

桡侧神经点在小臂外侧近肘端肌肉凹槽中，通常最适合的按压方法是在嫌疑人仰卧固定手掌心面向地面时来实施，可从嫌疑人的左侧或右侧位置，用双手固定嫌疑人被按压的手臂，用膝盖跪压在桡侧神经点上缓慢加力或者来回磨动。如图（7－25，7－26，7－27，7－28）。

图 7－25

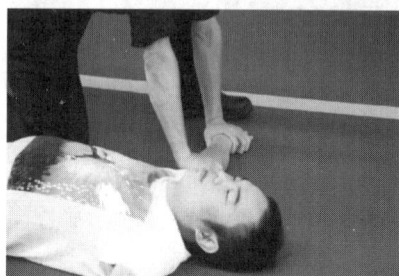

图 7－26

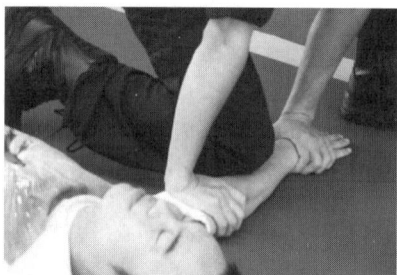

图 7－27

图 7－28

动作要求：跪压时的手臂应固定稳固，紧贴地面，跪压力量大，应逐渐加大力，不可使用击打的爆发力，预防骨折。

2. 桡中骨神经点的按压

桡中骨神经点位于小臂内侧肌肉处，通常最适合的按压方法是在嫌疑人俯卧固定手掌心朝上时来实施，用膝盖跪压在桡中骨神经点上缓慢加力或者来回磨动。如图（7－29，7－30，7－31，7－32）。

图 7 – 29

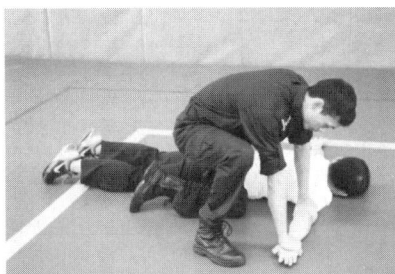
图 7 – 30

图 7 – 31

图 7 – 32

动作要求：跪压时的手臂应固定稳固，紧贴地面，跪压力量大，应逐渐加大力，不可使用击打的爆发力。

3. 肱二头肌神经点的按压

肱二头肌神经点位于大臂内侧二头肌肌肉处，通常最适合的按压方法是在嫌疑人仰卧固定手掌心朝上时来实施，用膝盖跪压在肱二头肌经点上缓慢加力或者来回磨动。如图（7 – 33，7 – 34，7 – 35，7 – 36）。

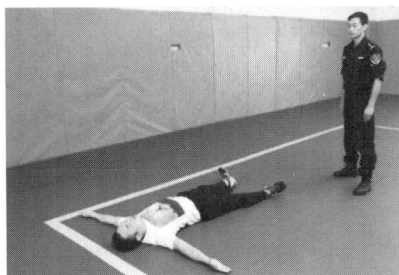
图 7 – 33

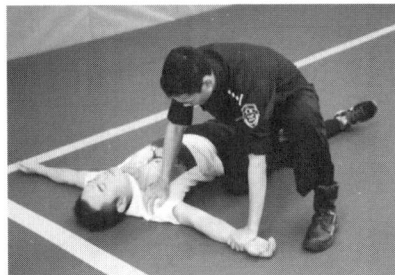
图 7 – 34

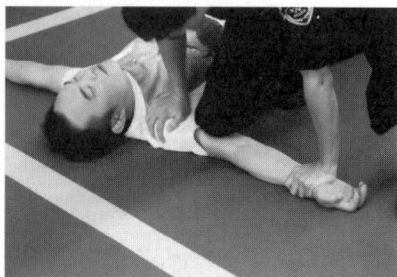

图7-35　　　　　　　　　　　图7-36

动作要求：跪压时的手臂应固定稳固，紧贴地面，跪压力量大，应逐渐加大力，不可使用击打的爆发力。

（四）腿部按压

腿部的按压技术通常在卧姿的基础上才能进行，可分为仰卧和俯卧两种姿态，按压前应对嫌疑人实施固定，按压的部位应紧贴地面，这样才可以实施按压技术，产生更好的按压效果。具体按压方法如下：

1. 腓骨神经点按压

腓骨神经点位于大腿的外侧，通常按压的方法是，使嫌疑人俯卧固定在地面，双脚伸直，脚尖朝外，而后双膝盖分别跪压在嫌疑人的腓骨神经点上，两手分别抓握嫌疑人的脚背尖使嫌疑人大小腿折叠；或者双手固定其中一只脚，用单腿跪压。如图（7-37，7-38，7-39，7-40，7-41，7-42）。

图7-37　　　　　　　　　　　图7-38

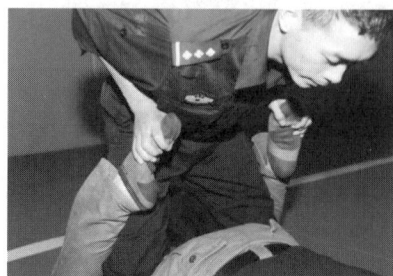

图7-39　　　　　　　　　　　图7-40

图 7 - 41

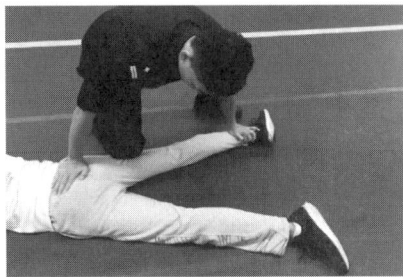

图 7 - 42

动作要求：由于大腿肌肉较为发达，跪压时重心应移至膝盖，以产生更大的压力。

2. 股骨神经点的按压

股骨神经点位于大腿的内侧，通常按压的方法是，使嫌疑人仰卧固定在地面，从嫌疑人两腿中间跨入，双手扶按嫌疑人大腿，双膝或单膝跪压在嫌疑人的腓骨神经点上。如图（7 - 43，7 - 44，7 - 45，7 - 46）。

图 7 - 43

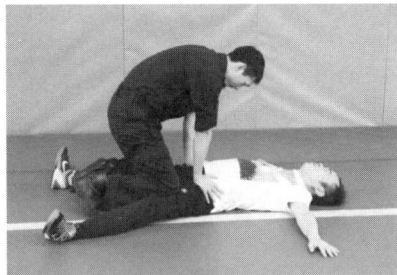

图 7 - 44

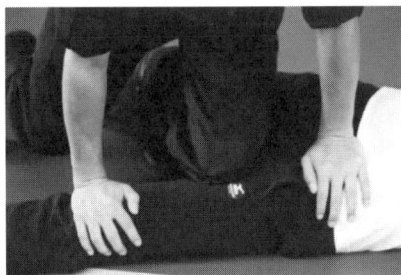

图 7 - 45

图 7 - 46

动作要求：跪压时，重心慢慢移至膝盖。

3. 胫骨神经点按压

胫骨神经点位于小腿的后背，通常按压的方法是，使嫌疑人俯卧固定在地面，从嫌疑人两腿中间跨入，双手扶按嫌疑人小腿，使其脚尖朝内，单膝跪压在嫌疑人的胫骨神经点上。如图（7 - 47，7 - 48，7 - 49，7 - 50）。

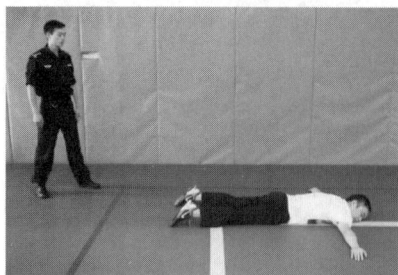

图 7 –47

图 7 –48

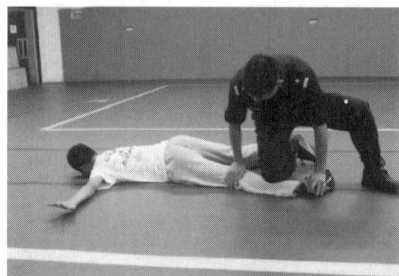

图 7 –49

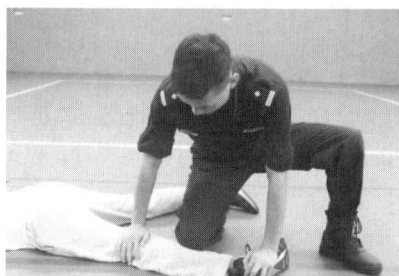

图 7 –50

动作要求：跪压时，重心慢慢移至膝盖。

二、斜肩击、膝撞、手腕锁

1. 斜肩击

当嫌疑人不服从指令时，抓捕民警移动到嫌疑人的 5 号位（正后方），右手握拳直臂上举，用拳轮向嫌疑人的肩胛上端神经猛力下砸。如图（7 – 51，7 – 52）。

要求：发力方向为斜下 45 度脊柱方向，拳轮接触在神经点时有稍许停顿，以便力量传入深层神经，练习时也可以在嫌疑人的 1 号位（正前方）练习。如图（7 – 53）。

图 7 –51

图 7 –52

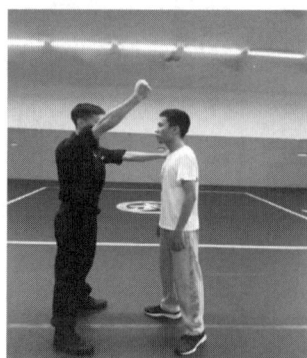

图 7 –53

2. 膝撞

抓捕民警站立在嫌疑人的 2、3、4 或者 6、7、8 号位，在欲对嫌疑人采取抓手控制，遭到嫌疑人的强烈反抗时采用。以在嫌疑人 3 号位为例，民警上左脚，左手抓握嫌疑人右手大臂，右手抓握腕关节，弯腰身体向后引，而后双手向后牵拉的同时，以右膝盖为力点，猛力顶向嫌疑人腓骨神经点。当站立在嫌疑人左侧时，动作要领相同，方向相反。如图（7－54，7－55，7－56，7－57）。

要求：身体协调稳定，发力要猛。练习时可借助脚靶保护发力，如图（7－58，7－59）。

图 7－54

图 7－55

图 7－56

图 7－57

图 7－58

图 7－59

3. 旋踢（边腿）

民警在嫌疑人 1 号位站立，嫌疑人步步逼近，民警迅速上左脚脚尖外展，而后重心移至左脚身体向左拧转的同时，快速将右脚鞭打出去，用右脚脚背猛力踢击嫌疑人大腿外侧（腓骨神经点）。如图（7－60，7－61）。

要求：此技术是在嫌疑人欲对民警实施攻击并且不听警告时使用，民警做好戒备，迅速拉开距离并口头警告，果断出击，力点要准、发力要猛。练习时可借助脚靶保护发力，如图（7－62，7－63）。

图 7 - 60

图 7 - 61

图 7 - 62

图 7 - 63

4. 手腕锁

（1）手腕锁的实施。民警在嫌疑人右侧 3 号位站立时，迅速上左脚，左手抓握其右手大臂，右手抓握其手腕，用右脚膝撞嫌疑人右侧腓骨神经，左手托其右肘关节，而后经嫌疑人右臂内侧由下向上穿出，抓握其右手掌背，用左大臂封住其右肘，右手顺势与左手包握，双手合力压其手腕（对于手腕柔韧性较好的嫌疑人，可以将其手腕外旋后下压）。将其小臂上抬（如同鹅颈一般），身体左侧贴紧其右臂外侧。如图（7 - 64，7 - 65，7 - 66，7 - 67）。

图 7 - 64

图 7 - 65

图 7 - 66

图 7 - 67

（2）实施后的落地控制。手腕锁实施后，民警迅速下蹲马步，并命令其蹲下；右脚向右迈步，将嫌疑人向右后方牵拉倒地，用自身的左肩牢牢压在嫌疑人右肩胛骨上。而后左手继续抓握手腕，右手压其肘关节，将其手臂经臀部绕至头顶，而后上右脚在其肩上，上左脚在其腋下位置，依次将右脚左脚分别跪压在嫌疑人的肩胛及腰上，牢牢锁住其右手臂，将调试好的手铐依次对右手臂和左手臂实施上铐控制。如图（7 - 68，7 - 69，7 - 70，7 - 71，7 - 72，7 - 73，7 - 74，7 - 75，7 - 76）。

图 7 - 68

图 7 - 69

图 7 - 70

图 7 -71

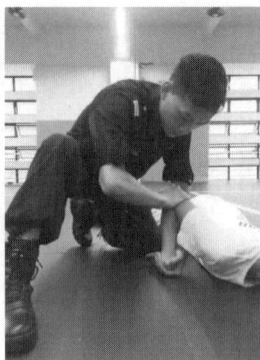
图 7 -72

图 7 -73

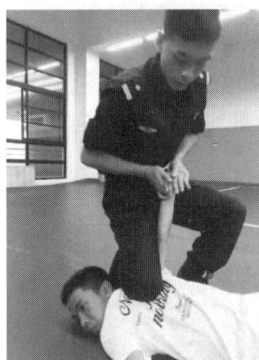
图 7 -74

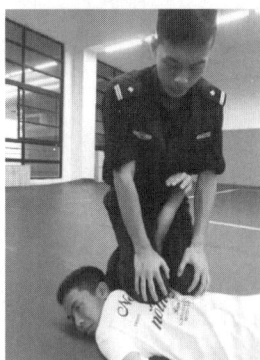
图 7 -75

图 7 -76

三、徒手三人小组抓捕

1. 三人小组队形

（1）三人小组抓捕，首先与犯罪嫌疑人面对面，保持安全距离，主盘问在前，其余两名副手分别站于主盘问左右两边，内侧手搭在主盘问肩膀上，三人同时提手戒备，呈三角队形。如图（7 -77）。

图 7 -77

（2）三人小组抓捕，首先与犯罪嫌疑人面对面，保持安全距离，两名副手并行在前站立，侧身提双手戒备，主盘问站于两名副手中间 正后方，双手分别搭于前面副手内侧的左右两肩上，目视嫌疑人，呈倒三角队形。如图（7 - 78）。

图 7 - 78

2. 三人的具体分工

通常三人小组实施抓捕前，分工需事先明确，在面对贴墙站立的犯罪嫌疑人时，前方主盘问通常控制嫌疑人头部，左右后方协助控制嫌疑人左右手与脚。

3. 对不同姿态嫌疑人实施抓捕的方法

（1）对背靠墙站立的嫌疑人实施抓捕。如图（7 - 79）。

图 7 - 79

主盘问劝说嫌疑人无效后，需实施抓捕，三人同时快速向前控制嫌疑人，根据分工，主盘问控制嫌疑人头部，左手护住嫌疑人后脑，右手顺用虎口压其额头，左侧副手控制嫌疑人的右臂，左手抓压嫌疑人的右手腕，右手掌按住嫌疑人右肘，用右肘尖抵住其胸部，使嫌疑人身体贴于墙体，与此同时，右膝抵住嫌疑人右大腿股骨神经点的位置，防止其抬脚。右侧副手按照左侧副手的要求控制住嫌疑人的左侧手脚，最后将其贴墙牢牢固定。如图（7-80）。

图 7-80

（2）对靠墙侧身站立的嫌疑人实施抓捕。如图（7-81）。

图 7-81

嫌疑人侧身左肩贴墙站立，主盘问经多次劝说嫌疑人无效后，需实施抓捕，三人同时快速向前控制嫌疑人，根据分工，左侧副手双手控制嫌疑人右手小臂并将其贴墙控制，同时右侧副手双手控制嫌疑人左手小臂并将其手臂回拉且贴墙控制，主盘问控制嫌疑人头部，而后按照背靠墙站立嫌疑人的方式实施控制，最后将其贴墙牢牢固定。如图（7-80）。

（3）对无依靠嫌疑人站立实施抓捕。抓捕前，三人呈倒三角队形戒备，主盘问多次劝说嫌疑人无效后，需实施抓捕，根据分工，左右两边副手快速向前控制嫌疑人双手，如其反抗激烈，可利用徒手控制的膝撞技术，使其产生剧烈疼痛失去反抗能力，利于控制，与此同时，主盘问快速绕至嫌疑人后方将其头部固定。如图（7－82）。

图 7－82

第三节 押解的概念与技战术

一、押解的概述

押解是警察在执法行动中的一项重要内容，是对其抓获的案犯或其他需要变换关押场所的人犯等采用的一种警戒勤务，使其能安全被押送到指定地点。

二、押解的方式

人民警察在执法过程中，根据所处不同现场环境以及不同危害程度的违法犯罪嫌疑人或犯罪分子，所采取的押解方式各不相同。押解时所采用的最基本、最常用的方法，可分为徒手押解和警械押解。

1. 徒手押解

徒手押解，即以徒手控制为手段进行的押解方法。

（1）抓臂押解。双手控制目标的右手手臂关节部位，其中左手抓握目标右肘，右手抓握目标右手手腕，双手相对发力。如图（7－83）。

图 7 – 83

要求：双手抓握的劲力要适中，随时感受对方的手臂运动，能快速做出反应，左右手用力协调形成对向发力。

（2）屈肘压腕控制押解。将对方的前臂抬起至垂直状态而手肘夹在控制者（警察）腋下，迫使目标手臂被牢牢控制，然后将对方手腕曲折向下，向对方手背上的食指关节施加压力，而将对方的手肘固定于警察腋下肋骨及手臂间，形成反压力。如图（7 – 84）。

图 7 – 84

要求：手肘固定要牢固，双手配合要协调。

（3）别臂押解。曲臂上抬目标的小臂，同时别压目标的上臂关节部位，身体夹紧，别臂的力点在对方的肘关节处。如图（7 – 85）。

图 7 – 85

　　要求：身体夹紧，力点明显。

　　2. 警械押解

　　（1）上铐后抓腕抓肘押解。上铐后，警察站于目标左后侧，右手抓握目标的左手并用力折压其手腕，左手抓住目标的肘部，双手形成合力控制目标，实施押解带离。如图（7 – 86）。

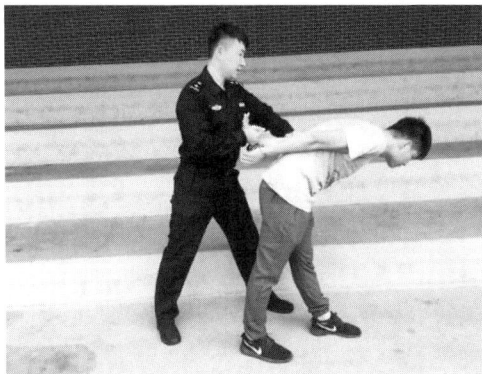

图 7 – 86

　　（2）上铐后别臂押解。上铐后，警察站于目标左后侧，右臂从目标的左臂下插入和左手握住，向上别臂，实施押解带离。如图（7 – 87）。

图 7 - 87

（3）警棍别臂押解。上铐后，警察站于目标左后侧，右手持握警棍从目标的左臂下插入向上别压上臂，同时左手抓住目标左臂辅助控制，使目标身体前倾，实施押解带离。如图（7 - 88）。

图 7 - 88

（4）警棍别铐押解。上铐后，警察站于目标左后侧，右手紧握棍把，将警棍斜向插入手铐，使警棍在两臂上方，别转铐链，左手抓住目标左臂辅助控制，实施押解带离。如图（7 - 89）。

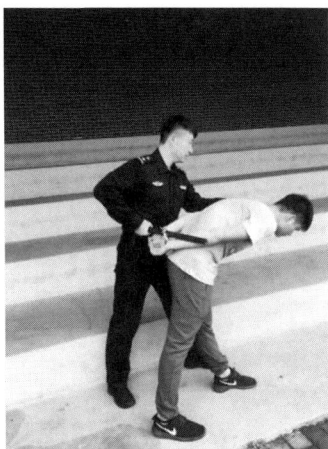

图 7 - 89

三、押解应注意的问题

第一，选配押解人员时，应挑选身强体壮且能熟练掌握控制押解技术的警察。

第二，控制押解前必须先搜身，确认无携带危险物品后，再进行上铐或捆绑。

第三，明确押解的路线以及道路交通等情况，沿途事先与有关的部门取得联系，以便遇到突发情况第一时间得到协助。

第四，根据控制押解犯人的实际情况，制定不同的押解方案，充分预估押解途中所遇到的问题，制订相应的具体方案，确保顺利完成押解任务。

第五，控制押解时应保持高度警惕，时刻掌握犯人的思想、眼神及意识等动态，做好突发情况的处置准备，注意周围环境，严防骚乱。

第六，使用交通工具押解时，应对押解对象严格控制，防止其袭击司乘人员或劫持交通工具。

第七，徒步押解过程中，警察应贴靠嫌疑人或降低犯罪嫌疑人重心，保持方便控制的距离，同时防止其使用踢腿攻击。

—— 第 八 章 ——

防暴战术

一、防暴战术的概念

防暴战术是对群体事件和具有危害公共治安的暴力行为进行预防、干预和制止的过程中与犯罪分子和犯罪嫌疑人进行战斗时所采取的原则、方法和行为操作的总称。

提高防暴战术水平，可以更有效地打击各种犯罪活动，提高捕获犯罪分子和犯罪嫌疑人的能力和成功率，可以最大限度地减少人员伤亡和物质损失，有效保护警察自身安全，提高自己的业务素质。

二、防暴战术方式

防暴制敌，是指警察为维护正常的诉讼秩序，保障司法活动的顺利进行，依法防止、制止破坏司法活动秩序的各种恐怖活动、严重暴力性犯罪，暴乱、骚乱事件，大规模滋扰等重大事件和重大活动，以及对进行打、砸、抢、烧等暴力活动闹事人采用命令解散、强行驱逐、带离现场、拘留等强制措施的方法。

（一）多维布警

处置群体性事件特别是超常规突发事件，需要多警种、多部门联合作战，必须做到警力布置科学合理，处置任务职责清晰，处置工作有章有序。现场警力可分为三大组：内线组，外线组和备勤组。内线组主要承担公开处置，现场和重点人员的图像采集和密取，跟踪、调查、抓捕闹事者、骨干分子等任务；外线组承担临时交通管制、维护现场交通秩序和防止闹事人群冲击或破坏要害部位等任务；备勤组主要承担现场外围待命，增援处置任务，同时做好医疗救护、分遣带离闹事人员和通信、后勤保障任务。

（二）示威造势

处置警力进入现场时，可采用警车开道，车队编组，造成大兵压境的浩大气势，也可以采用表演防暴战术和预备演练等形式展示防暴实力，显示处置决心，以现代化技术手段渲染气氛，扬威造势，从心理上给闹事者以强有力的震慑。

（三）封控隔离

封锁隔离是控制现场局势采取的主要战术。在群体性事件现场，尤其是冲击司法机关、群体上访等较大规模的事件现场，围观群众多、交通堵塞、秩序混乱。面对这种情况，首先要对事发现场周围的路口和制高点派出警力镇守，对重点要害部位进行守护，形成立体封控的态势。其次，要对事发现场外围实施一定区域的交通和治安管制，封锁现场，防止无关人员进入现场，堵截企图逃离现场的不法之徒，减少外来干扰和影响。再次，要组织警力剥离围观群众，在闹事群众与围观群众之间划定临时警戒线，打出真空带，防止闹事群众和围观群众之间不满情绪传递感染。最后，要加强对闹事群体的控制力度，抓捕闹事群体中的组织者和骨干分子。可将警察编成若干分队，从不同方向和地段，对闹事群体进行穿插分割，实施分块控制，切断闹事群体的相互联系，削弱、分散其整体力量。

（四）宣传疏导

执法活动要取得现场群众的支持配合，必须把武力威慑与政策攻心紧密结合起来。要向群众宣传党的政策和有关法律、法规，及时揭露事件组织者的企图和阴谋，讲清事件的性质与危害，阐明党和政府对事件处置的立场和态度，说服不明真相的群众离开现场，分化瓦解一般闹事者，孤立、劝降闹事骨干分子，缓解群众对立情绪，稳定事件的局势。

（五）强制驱散

在处置工作中，防暴指挥员可视情况采取强行驱散措施。遇有堵占铁路，冲击国家机关，冲击重要会场和拦截国家领导人、外宾车队，无理闹事经劝解无效者，虽属有理但有明显的过激行为，且不服从解散命令，可能会导致事态进一步扩大等情况发生，可指挥防暴队采用各种防暴队形向闹事群体进行突击，迫使闹事人群向指定的方向撤离。防暴队一旦遭到阻击，可借助警棍、辣椒水等警械设备进行突围，以达到强行驱散的目的。

（六）压住气焰

在群体性事件的发生、升级和恶化的过程中，起关键作用的往往是少数别有用心之人，他们利用激奋的上访群体趁乱实施打、砸、抢、烧等违法行为，以达到扰乱社会秩序、破坏社会稳定的目的。对此，防暴指挥员必须采取有力的措施，发挥法律的震慑作用，坚决予以打击，该抓捕的抓捕，该拘留的拘留，防止一般事件蔓延转化为局部震荡。但现场抓捕人一定要慎之又慎，如果掌握不好"火候"便会酿成更大的事端。

（七）加强取证

司法机关必须加强秘密控制工作，及时搜集确凿证据，注意使用照相、录像、录音等技术手段，记载现场的原始情况，为后期处置做好准备。

（八）做好善后工作

群体性事件平息后，防暴指挥员要根据现场的具体形势，抽调部分警力驻扎在闹事区域，形成镇守之势，观察动静，探听信息，以防闹事人员回流重聚。在保持震慑态势的同时，要组织民警及时勘查现场、救治受伤人员、清理遗留物品、清点核对违法犯罪嫌疑人员，当现场有危险物品或爆炸装置时，应组织专业人员进行清理，尽快恢复社会秩序和交通秩序。整个处置工作结束后，防暴指挥员要认真组织总结经验教训，并及时向上级汇报情况。

三、盾牌防暴队形

警察的防暴队形，是根据人民警察在防暴、缉捕、护卫，押送等警务实战中的需要，对队列队形的实战运用和演化。防暴队形，面对的是处于公开对峙状态的众多闹事者或骚乱、暴乱人群，特别是在处置骚乱的行动中，如何合理有效地使用防暴队形，已经成为各国警察处置群体性事件的一个研究课题。防暴行动队形是警察在各种情况中，有效地控制群体的一种基本战略措施。其内容主要包括：对人群的阻截、包围、分割、驱散及缉捕，以达到威慑、控制、制止及打击的目的，面对复杂的人群，要进行有效的控制工作，防暴队员必须经过严格的训练，要有严明的纪律性，只有这样才能在情况需要的时候，及时采取最为恰当的行动方法，组织实施防暴控制，对充分发挥人民警察的威慑力和战斗效应具有重要的作用。因此，防暴队形要求："严整规范，以威示众"，具有"铜墙铁壁，战斗堡垒"的威慑效应。

（一）队形的编组和使用要求

由于防暴警察更多的是面对比他们人数更多的人群，因此警察必须要有组织地采取特别的行动，而这些行动既要保证安全，而且要使人群感到他们的气势受到压制。为此，警察除了有良好的心理素质外，还必须要有适宜的行动队形，这也是一种特殊的"武器"，队形的编组应达到以下几个方面的要求：

1. 理智威严

面对要求权利但不存在敌意的群众，警察必须在控制对象时保持一种冷静、自尊且坚定的态度，永远也不能表现激动或紧张。警察要熟练地展示力量，但不是挑衅，向群众表明警察是来保障秩序和安全的。如果能对人群形成威慑，使其不敢轻举妄动或者主动撤退，那就是最成功的编组。

2. 攻防兼备

在执行防暴行动中，采取的战术不同，队形也不同。各种队形的使用必须具有攻防的双重特性，以便随时适合实际状况的需要，单一的功或防是不可取的，都会导致被动的局面，甚至遭受攻击。

3. 整体灵活

在防暴行动中，警察应当有合作的纪律精神，行动要围绕预定的目标展开，既有条理又有整体性。行动前应做好充分的准备，在行动时要迅速、有效且有条理。在所有的行动中，个人必须服从指挥命令，以体现警察的职业化精神。必须向现场群众表现出已经控制了现场的局势，在一群混乱的人群面前，一支有组织、有纪律、团结紧密的防暴警察队伍能起到极大的震慑作用。一旦局势有变，必须灵活处置，实施适时的制止和打击。如果情况允许，要出其不意，快速凶猛，这样我们就能时刻把握好对局势控制的优势。

4. 因地制宜

防暴过程中，行动队形受所处场所及人群状况的限制，在队形的编组上一定要从实际出发，根据自身的工作任务侧重点和警力状况，因地制宜，合理使用人员，编组出合理有效的控制或处置队形。

（二）人员的组成和分工

防暴行动队最小的单位是小分队，通常可由 12 人组成。1 名指挥官、1 名副手或旗手、1 名射手或缉捕手、9 名防暴队员；9 名防暴队员又可以细分为两个抓捕小组，一组 4 人，一组 5 人，根据现场的需要灵活调配和变换队形。预备队形可形成一路纵队站立，如图（8-1）。如遇现场骚乱人数多，可调配多个防暴小分队，组成大型的防暴队伍，编排复杂合理的防暴队形，以应对现场的实际需要。

图 8-1

（三）基本队形操练

防暴队形编成的规模、样式、警力和警械、武器等装备的配置，主要依据战斗任务、人员数量、时空条件等具体情况而定。防暴队形的规模少则 3～5 人或 10～20 人，多则上百人，持盾的同时配置相应的武器和防暴器材等。警察日常训练通常以警棍术、盾牌和战术队形为基本训练模式。

1. 一字形

（1）操练方法：以一个小分队持盾一路纵队站立开始，当听到指挥官下达："成一字形散开"后，各成员左手持盾迅速向左转 90 度，左右间隔可根据需要而定。如图（8-2，8-3）。如有多个小分队时，可组成多列一字队形前后站立，或者背向站立等。

（2）防暴功能：用于堵截、隔离、正面推进、警戒和搜索等。

图 8-2

图 8-3

2. 弧形

（1）操练方法：当听到"成弧形散开"的口令后，在一字队形的基础上，以中间或两端部位为基准向前成弧形队形推进，形成正、反弧形，左右间隔可根据需要而定，指挥员可位于弧形的中间位置。如图（8-4，8-5）。

（2）防暴功能：清场、搜索、堵截、戒严等。

图 8-4

图 8-5

3. 盾牌墙

（1）操练方法：当听到"成盾牌墙"的口令后，在两组一字队形前后站立的基础上，后排的队员将盾牌抬高搭在前排盾牌的上端，形成较大的防护面积，根据前排所持盾牌的高度和现场的需要可以叠放在同一个朝前的平面，也可以全部朝上，以防护头顶上方。如图（8-6，8-7）。

（2）防暴功能：用于正面推进、现场喊话、阵地防守等。

图8-6

图8-7

4. 箭形

（1）操练方法：当听到"成箭形"的口令后，在两组一字队形前后站立的基础上，前面一组中间警员持盾向前推进，左右依次排开，二组可形成一路纵队抵住箭头的顶端，或者从中间断开形成两路纵队，背向站立分别防护与左右两侧。如图（8-8，8-9）。

（2）防暴功能：分割、包围、穿插等。

图8-8

图8-9

5. 环形

（1）当听到"环形"的口令后，防暴队员以某处目标为中心点，由一侧或者两侧快速移动做环形状包围，邻警的间隔根据需要而定，必要时可形成多重环形。如图（8-10，8-11）。

（2）防暴功能：包围、分割、护卫、掩护抓捕等。

图 8 – 10

图 8 – 11

附 录

《中华人民共和国人民警察法》

第一章 总 则

第一条 为了维护国家安全和社会治安秩序，保护公民的合法权益，加强人民警察的队伍建设，从严治警，提高人民警察的素质，保障人民警察依法行使职权，保障改革开放和社会主义现代化建设的顺利进行，根据宪法，制定本法。

第二条 人民警察的任务是维护国家安全，维护社会治安秩序，保护公民的人身安全、人身自由和合法财产，保护公共财产，预防、制止和惩治违法犯罪活动。

人民警察包括公安机关、国家安全机关、监狱、劳动教养管理机关的人民警察和人民法院、人民检察院的司法警察。

第三条 人民警察必须依靠人民的支持，保持同人民的密切联系，倾听人民的意见和建议，接受人民的监督，维护人民的利益，全心全意为人民服务。

第四条 人民警察必须以宪法和法律为活动准则，忠于职守，清正廉洁，纪律严明，服从命令，严格执法。

第五条 人民警察依法执行职务，受法律保护。

第二章 职 权

第六条 公安机关的人民警察按照职责分工，依法履行下列职责：

（一）预防、制止和侦查违法犯罪活动；

（二）维护社会治安秩序，制止危害社会治安秩序的行为；

（三）维护交通安全和交通秩序，处理交通事故；

（四）组织、实施消防工作，实行消防监督；

（五）管理枪支弹药、管制刀具和易燃易爆、剧毒、放射性等危险物品；

（六）对法律、法规规定的特种行业进行管理；

（七）警卫国家规定的特定人员，守卫重要的场所和设施；

（八）管理集会、游行、示威活动；

（九）管理户政、国籍、入境出境事务和外国人在中国境内居留、旅行的有关事务；

（十）维护国（边）境地区的治安秩序；

（十一）对被判处拘役、剥夺政治权利的罪犯执行刑罚；

（十二）监督管理计算机信息系统的安全保护工作；

（十三）指导和监督国家机关、社会团体、企业事业组织和重点建设工程的治安保卫工作，指导治安保卫委员会等群众性组织的治安防范工作；

（十四）法律、法规规定的其他职责。

第七条 公安机关的人民警察对违反治安管理或者其他公安行政管理法律、法规的个人或者组织，依法可以实施行政强制措施、行政处罚。

第八条 公安机关的人民警察对严重危害社会治安秩序或者威胁公共安全的人员，可以强行带离现场、依法予以拘留或者采取法律规定的其他措施。

第九条 为维护社会治安秩序，公安机关的人民警察对有违法犯罪嫌疑的人员，经出示相应证件，可以当场盘问、检查；经盘问、检查，有下列情形之一的，可以将其带至公安机关，经该公安机关批准，对其继续盘问：

（一）被指控有犯罪行为的；

（二）有现场作案嫌疑的；

（三）有作案嫌疑身份不明的；

（四）携带的物品有可能是赃物的。

对被盘问人的留置时间自带至公安机关之时起不超过二十四小时，在特殊情况下，经县级以上公安机关批准，可以延长至四十八小时，并应当留有盘问记录。对于批准继续盘问的，应当立即通知其家属或者其所在单位。对于不批准继续盘问的，应当立即释放被盘问人。

经继续盘问，公安机关认为对被盘问人需要依法采取拘留或者其他强制措施的，应当在前款规定的期间作出决定；在前款规定的期间不能作出上述决定的，应当立即释放被盘问人。

第十条 遇有拒捕、暴乱、越狱、抢夺枪支或者其他暴力行为的紧急情况，公安机关的人民警察依照国家有关规定可以使用武器。

第十一条 为制止严重违法犯罪活动的需要，公安机关的人民警察依照国家有关规定可以使用警械。

第十二条 为侦查犯罪活动的需要，公安机关的人民警察可以依法执行拘留、搜查、逮捕或者其他强制措施。

第十三条 公安机关的人民警察因履行职责的紧急需要，经出示相应证件，可以优先乘坐公共交通工具，遇交通阻碍时，优先通行。

公安机关因侦查犯罪的需要，必要时，按照国家有关规定，可以优先使用机关、团体、企业事业组织和个人的交通工具、通信工具、场地和建筑物，用后应当及时归还，并支付适当费用；造成损失的，应当赔偿。

第十四条　公安机关的人民警察对严重危害公共安全或者他人人身安全的精神病人，可以采取保护性约束措施。需要送往指定的单位、场所加以监护的，应当报请县级以上人民政府公安机关批准，并及时通知其监护人。

第十五条　县级以上人民政府公安机关，为预防和制止严重危害社会治安秩序的行为，可以在一定的区域和时间，限制人员、车辆的通行或者停留，必要时可以实行交通管制。

公安机关的人民警察依照前款规定，可以采取相应的交通管制措施。

第十六条　公安机关因侦查犯罪的需要，根据国家有关规定，经过严格的批准手续，可以采取技术侦察措施。

第十七条　县级以上人民政府公安机关，经上级公安机关和同级人民政府批准，对严重危害社会治安秩序的突发事件，可以根据情况实行现场管制。

公安机关的人民警察依照前款规定，可以采取必要手段强行驱散，并对拒不服从的人员强行带离现场或者立即予以拘留。

第十八条　国家安全机关、监狱、劳动教养管理机关的人民警察和人民法院、人民检察院的司法警察，分别依照有关法律、行政法规的规定履行职权。

第十九条　人民警察在非工作时间，遇有其职责范围内的紧急情况，应当履行职责。

第三章　义务和纪律

第二十条　人民警察必须做到：

（一）秉公执法，办事公道；

（二）模范遵守社会公德；

（三）礼貌待人，文明执勤；

（四）尊重人民群众的风俗习惯。

第二十一条　人民警察遇到公民人身、财产安全受到侵犯或者处于其他危难情形，应当立即救助；对公民提出解决纠纷的要求，应当给予帮助；对公民的报警案件，应当及时查处。

人民警察应当积极参加抢险救灾和社会公益工作。

第二十二条　人民警察不得有下列行为：

（一）散布有损国家声誉的言论，参加非法组织，参加旨在反对国家的集会、游行、示威等活动，参加罢工；

（二）泄露国家秘密、警务工作秘密；

（三）弄虚作假，隐瞒案情，包庇、纵容违法犯罪活动；

（四）刑讯逼供或者体罚、虐待人犯；

（五）非法剥夺、限制他人人身自由，非法搜查他人的身体、物品、住所或者场所；

（六）敲诈勒索或者索取、收受贿赂；

（七）殴打他人或者唆使他人打人；

（八）违法实施处罚或者收取费用；

（九）接受当事人及其代理人的请客送礼；

（十）从事营利性的经营活动或者受雇于任何个人或者组织；

（十一）玩忽职守，不履行法定义务；

（十二）其他违法乱纪的行为。

第二十三条　人民警察必须按照规定着装，佩带人民警察标志或者持有人民警察证件，保持警容严整，举止端庄。

第四章　组织管理

第二十四条　国家根据人民警察的工作性质、任务和特点，规定组织机构设置和职务序列。

第二十五条　人民警察依法实行警衔制度。

第二十六条　担任人民警察应当具备下列条件：

（一）年满十八岁的公民；

（二）拥护中华人民共和国宪法；

（三）有良好的政治、业务素质和良好的品行；

（四）身体健康；

（五）具有高中毕业以上文化程度；

（六）自愿从事人民警察工作。

有下列情形之一的，不得担任人民警察：

（一）曾因犯罪受过刑事处罚的；

（二）曾被开除公职的。

第二十七条　录用人民警察，必须按照国家规定，公开考试，严格考核，择优选用。

第二十八条　担任人民警察领导职务的人员，应当具备下列条件：

（一）具有法律专业知识；

（二）具有政法工作经验和一定的组织管理、指挥能力；

（三）具有大学专科以上学历；

（四）经人民警察院校培训，考试合格。

第二十九条　国家发展人民警察教育事业，对人民警察有计划地进行政治思想、法制、警察业务等教育培训。

第三十条　国家根据人民警察的工作性质、任务和特点，分别规定不同岗位的服务年限和不同职务的最高任职年龄。

第三十一条　人民警察个人或者集体在工作中表现突出，有显著成绩和特殊贡献的，给予奖励。奖励分为：嘉奖、三等功、二等功、一等功、授予荣誉称号。

对受奖励的人民警察，按照国家有关规定，可以提前晋升警衔，并给予一定的物质奖励。

第五章　警务保障

第三十二条　人民警察必须执行上级的决定和命令。

人民警察认为决定和命令有错误的，可以按照规定提出意见，但不得中止或者改变决定和命令的执行；提出的意见不被采纳时，必须服从决定和命令；执行决定和命令的后果由作出决定和命令的上级负责。

第三十三条　人民警察对超越法律、法规规定的人民警察职责范围的指令，有权拒绝执行，并同时向上级机关报告。

第三十四条　人民警察依法执行职务，公民和组织应当给予支持和协助。公民和组织协助人民警察依法执行职务的行为受法律保护。对协助人民警察执行职务有显著成绩的，给予表彰和奖励。

公民和组织因协助人民警察执行职务，造成人身伤亡或者财产损失的，应当按照国家有关规定给予抚恤或者补偿。

第三十五条　拒绝或者阻碍人民警察依法执行职务，有下列行为之一的，给予治安管理处罚：

（一）公然侮辱正在执行职务的人民警察的；

（二）阻碍人民警察调查取证的；

（三）拒绝或者阻碍人民警察执行追捕、搜查、救险等任务进入有关住所、场所的；

（四）对执行救人、救险、追捕、警卫等紧急任务的警车故意设置障碍的；

（五）有拒绝或者阻碍人民警察执行职务的其他行为的。

以暴力、威胁方法实施前款规定的行为，构成犯罪的，依法追究刑事责任。

第三十六条　人民警察的警用标志、制式服装和警械，由国务院公安部门统一监制，会同其他有关国家机关管理，其他个人和组织不得非法制造、贩卖。

人民警察的警用标志、制式服装、警械、证件为人民警察专用，其他个人和组织不得持有和使用。

违反前两款规定的，没收非法制造、贩卖、持有、使用的人民警察警用标志、制式服装、警械、证件，由公安机关处十五日以下拘留或者警告，可以并处违法所得五倍以下的罚款；构成犯罪的，依法追究刑事责任。

第三十七条　国家保障人民警察的经费。人民警察的经费，按照事权划分的原则，分别列入中央和地方的财政预算。

第三十八条　人民警察工作所必需的通讯、训练设施和交通、消防以及派出所、监管场所等基础设施建设，各级人民政府应当列入基本建设规划和城乡建设总体规划。

第三十九条　国家加强人民警察装备的现代化建设，努力推广、应用先进的科技成果。

第四十条　人民警察实行国家公务员的工资制度，并享受国家规定的警衔津贴和其他津贴、补贴以及保险福利待遇。

第四十一条　人民警察因公致残的，与因公致残的现役军人享受国家同样的抚恤和优待。

人民警察因公牺牲或者病故的，其家属与因公牺牲或者病故的现役军人家属享受国家同样的抚恤和优待。

第六章　执法监督

第四十二条　人民警察执行职务，依法接受人民检察院和行政监察机关的监督。

第四十三条　人民警察的上级机关对下级机关的执法活动进行监督，发现其作出的处理或者决定有错误的，应当予以撤销或者变更。

第四十四条　人民警察执行职务，必须自觉地接受社会和公民的监督。人民警察机关作出的与公众利益直接有关的规定，应当向公众公布。

第四十五条　人民警察在办理治安案件过程中，遇有下列情形之一的，应当回避，当事人或者其法定代理人也有权要求他们回避：

（一）是本案的当事人或者是当事人的近亲属的；

（二）本人或者其近亲属与本案有利害关系的；

（三）与本案当事人有其他关系，可能影响案件公正处理的。

前款规定的回避，由有关的公安机关决定。

人民警察在办理刑事案件过程中的回避，适用刑事诉讼法的规定。

第四十六条　公民或者组织对人民警察的违法、违纪行为，有权向人民警察机关或者人民检察院、行政监察机关检举、控告。受理检举、控告的机关应当及时查处，并将查处结果告知检举人、控告人。

对依法检举、控告的公民或者组织，任何人不得压制和打击报复。

第四十七条　公安机关建立督察制度，对公安机关的人民警察执行法律、法规、遵守纪律的情况进行监督。

第七章　法律责任

第四十八条　人民警察有本法第二十二条所列行为之一的，应当给予行政处分；构成犯罪的，依法追究刑事责任。

行政处分分为：警告、记过、记大过、降级、撤职、开除。对受行政处分的人民警察，按照国家有关规定，可以降低警衔、取消警衔。

对违反纪律的人民警察，必要时可以对其采取停止执行职务、禁闭的措施。

第四十九条　人民警察违反规定使用武器、警械，构成犯罪的，依法追究刑事责任；尚不构成犯罪的，应当依法给予行政处分。

第五十条　人民警察在执行职务中，侵犯公民或者组织的合法权益造成损害的，应当依照《中华人民共和国国家赔偿法》和其他有关法律、法规的规定给予赔偿。[3]

第八章　附　　则

第五十一条　中国人民武装警察部队执行国家赋予的安全保卫任务。

第五十二条　本法自公布之日起施行。1957 年 6 月 25 日公布的《中华人民共和国人民警察条例》同时废止。

《中华人民共和国人民警察使用警械和武器条例》

第一章　总　　则

第一条　为了保障人民警察依法履行职责，正常使用警械和武器，及时有效地制止违法犯罪行为，维护公共安全和社会秩序，保护公民的人身安全和合法财产，保护公共财产，根据《中华人民共和国人民警察法》和其他有关法律的规定，制定本条例。

第二条　人民警察制止违法犯罪行为，可以采取强制手段；根据需要，可以依照本条例的规定使用警械；使用警械不能制止，或者不使用武器制止，可能发生严重危害后果的，可以依照本条例的规定使用武器。

第三条　本条例所称警械，是指人民警察按照规定装备的警棍、催泪弹、高压水枪、特种防暴枪、手铐、脚镣、警绳等警用器械；所称武器，是指人民警察按照规定装备的枪支、弹药等致命性警用武器。

第四条　人民警察使用警械和武器，应当以制止违法犯罪行为，尽量减少人员伤亡、财产损失为原则。

第五条　人民警察依法使用警械和武器的行为，受法律保护。

人民警察不得违反本条例的规定使用警械和武器。

第六条　人民警察使用警械和武器前，应当命令在场无关人员躲避；在场无关人员应当服从人民警察的命令，避免受到伤害或者其他损失。

第二章 警械的使用

第七条 人民警察遇有下列情形之一，经警告无效的，可以使用警棍、催泪弹、高压水枪、特种防暴枪等驱逐性、制服性警械：

（一）结伙斗殴、殴打他人、寻衅滋事、侮辱妇女或者进行其他流氓活动的；

（二）聚众扰乱车站、码头、民用航空站、运动场等公共场所秩序的；

（三）非法举行集会、游行、示威的；

（四）强行冲越人民警察为履行职责设置的警戒线的；

（五）以暴力方法抗拒或者阻碍人民警察依法履行职责的；

（六）袭击人民警察的；

（七）危害公共安全、社会秩序和公民人身安全的其他行为，需要当场制止的；

（八）法律、行政法规规定可以使用警械的其他情形。

人民警察依照前款规定使用警械，应当以制止违法犯罪行为为限度；当违法犯罪行为得到制止时，应当立即停止使用。

第八条 人民警察依法执行下列任务，遇有违法犯罪分子可能脱逃、行凶、自杀、自伤或者有其他危险行为的，可以使用手铐、脚镣、警绳等约束性警械：

（一）抓获违法犯罪分子或者犯罪重大嫌疑人的；

（二）执行逮捕、拘留、看押、押解、审讯、拘传、强制传唤的；

（三）法律、行政法规规定可以使用警械的其他情形。

人民警察依照前款规定使用警械，不得故意造成人身伤害。

第三章 武器的使用

第九条 人民警察判明有下列暴力犯罪行为的紧急情形之一，经警告无效的，可以使用武器：

（一）放火、决水、爆炸等严重危害公共安全的；

（二）劫持航空器、船舰、火车、机动车或者驾驶车、船等机动交通工具，故意危害公共安全的；

（三）抢夺、抢劫枪支弹药、爆炸、剧毒等危险物品，严重危害公共安全的；

（四）使用枪支、爆炸、剧毒等危险物品实施犯罪或者以使用枪支、爆炸、剧毒等危险物品相威胁实施犯罪的；

（五）破坏军事、通讯、交通、能源、防险等重要设施，足以对公共安全造成严重、紧迫危险的；

（六）实施凶杀、劫持人质等暴力行为，危及公民生命安全的；

（七）国家规定的警卫、守卫、警戒的对象和目标受到暴力袭击、破坏或者有受到暴力袭击、破坏的紧迫危险的；

（八）结伙抢劫或者持械抢劫公私财物的；

（九）聚众械斗、暴乱等严重破坏社会治安秩序，用其他方法不能制止的；

（十）以暴力方法抗拒或者阻碍人民警察依法履行职责或者暴力袭击人民警察，危及人民警察生命安全的；

（十一）在押人犯、罪犯聚众骚乱、暴乱、行凶或者脱逃的；

（十二）劫夺在押人犯、罪犯的；

（十三）实施放火、决水、爆炸、凶杀、抢劫或者其他严重暴力犯罪行为后拒捕、逃跑的；

（十四）犯罪分子携带枪支、爆炸、剧毒等危险物品拒捕、逃跑的；

（十五）法律、行政法规规定可以使用武器的其他情形。

人民警察依照前款规定使用武器，来不及警告或者警告后可能导致更为严重危害后果的，可以直接使用武器。

第十条　人民警察遇有下列情形之一的，不得使用武器：

（一）发现实施犯罪的人为怀孕妇女、儿童的，但是使用枪支、爆炸、剧毒等危险物品实施暴力犯罪的除外；

（二）犯罪分子处于群众聚集的场所或者存放大量易燃、易爆、剧毒、放射性等危险物品的场所的，但是不使用武器予以制止，将发生更为严重危害后果的除外。

第十一条　人民警察遇有下列情形之一的，应当立即停止使用武器：

（一）犯罪分子停止实施犯罪，服从人民警察命令的；

（二）犯罪分子失去继续实施犯罪能力的。

第十二条　人民警察使用武器造成犯罪分子或者无辜人员伤亡的，应当及时抢救受伤人员，保护现场，并立即向当地公安机关或者该人民警察所属机关报告。

当地公安机关或者该人民警察所属机关接到报告后，应当及时进行勘验、调查，并及时通知当地人民检察院。

当地公安机关或者该人民警察所属机关应当将犯罪分子或者无辜人员的伤亡情况，及时通知其家属或者其所在单位。

第十三条　人民警察使用武器的，应当将使用武器的情况如实向所属机关书面报告。

第四章　法律责任

第十四条　人民警察违法使用警械、武器，造成不应有的人员伤亡、财产损失，构成犯罪的，依法追究刑事责任；尚不构成犯罪的，依法给予行政处分；对受到伤亡或者财产损失的人员，由该人民警察所属机关依照《中华人民共和国国家赔偿法》的有关规定给予赔偿。

第十五条 人民警察依法使用警械、武器，造成无辜人员伤亡或者财产损失的，由该人民警察所属机关参照《中华人民共和国国家赔偿法》的有关规定给予补偿。

第五章 附则

第十六条 中国人民武装警察部队执行国家赋予的安全保卫任务时使用警械和武器，适用本条例的有关规定。

第十七条 本条例自发布之日起施行。1980年7月5日公布施行的《人民警察使用武器和警械的规定》同时废止。

《城市人民警察巡逻规定》

第一条 为保障城市人民警察在巡逻执勤中依法履行职责，维护公共安全和治安秩序，为公民提供救助服务，特制定本规定。

第二条 人民警察巡逻执勤工作，由城市公安机关依照本规定，结合当地实际情况统一组织实施。

第三条 人民警察巡逻执勤，采取徒步为主，自行车、机动车相结合的方式。

城市公安局可以根据实际情况划定巡逻警区。

第四条 人民警察在巡逻执勤中履行以下职责：

（一）维护警区内的治安秩序；

（二）预防和制止违反治安管理的行为；

（三）预防和制止犯罪行为；

（四）警戒突发性治安事件现场，疏导群众，维持秩序；

（五）参加处理非法集会、游行、示威活动；

（六）参加处置灾害事故，维持秩序，抢救人员和财物；

（七）维护交通秩序；

（八）制止妨碍国家工作人员依法执行职务的行为；

（九）接受公民报警；

（十）劝解、制止在公共场所发生的民间纠纷；

（十一）制止精神病人、醉酒人的肇事行为；

（十二）为行人指路，救助突然受伤、患病、遇险等处于无援状态的人，帮助遇到困难的残疾人、老人和儿童；

（十三）受理拾遗物品，设法送还失主或送交拾物招领部门；

（十四）巡察警区安全防范情况，提示沿街有关单位、居民消除隐患；

（十五）纠察人民警察警容风纪；

（十六）执行法律、法规规定由人民警察执行的其他任务。

第五条　人民警察在巡逻执勤中依法行使以下权力：

（一）盘查有违法犯罪嫌疑的人员，检查涉嫌车辆、物品；

（二）查验居民身份证；

（三）对现行犯罪人员、重大犯罪嫌疑人员或者在逃的案犯，可以依法先行拘留或者采取其他强制措施；

（四）纠正违反道路交通管理的行为；

（五）对违反治安管理的人，可以依照《中华人民共和国治安管理处罚条例》的规定，执行处罚；

（六）在追捕、救护、抢险等紧急情况下，经出示证件，可以优先使用机关、团体和企业、事业单位以及公民个人的交通、通讯工具。用后应当及时归还，并支付适当费用，造成损坏的应当赔偿；

（七）行使法律、法规规定的其他职权。

第六条　在巡逻执勤中遇有重要情况，应当立即报告。对需要采取紧急措施的案件、事件和事故，应当进行先期处置。

对需要查处的案件、事件和事故应当移交公安机关主管部门处理。

第七条　人民警察巡逻执勤时必须做到：

（一）穿着警服，系武装带，佩带枪支、警械和通讯工具；

（二）恪尽职守，遵守法律和纪律；

（三）严格执法，秉公办事，不得超越或滥用职权；

（四）举止规范，文明执勤，礼貌待人。

第八条　人民警察在巡逻执勤中应当接受公民的监督；公民发现人民警察在巡逻执勤中有违法违纪行为的，有权提出控告和检举。

第九条　机关、团体和企业、事业单位以及公民应当支持巡逻警察的执勤，服从巡逻警察的管理，不得阻碍其依法执行职务。

第十条　各省、自治区、直辖市公安厅、局可以根据本规定，结合当地的实际情况制定实施细则。

第十一条　本规定自发布之日起施行。

《人民警察佩带枪支、警棍、手铐、警绳、警笛的暂行办法》

为贯彻《人民警察使用武器和警械的规定》，保持警容整齐和使用方便，特制订人民警察执勤时佩带枪支、警棍、手铐、警笛、警绳的暂行办法如下：

一、手枪：佩带在腰带的右前侧。

二、警棍：佩挂在腰带的左侧，棍头朝下。

三、手铐：装在特制的黑色人造革手铐盒内，佩挂在腰带右后侧。

四、警绳：装在特制的黑色人造革警绳盒内，佩挂在腰带的左后侧。

五、警笛：装在上衣左口袋内，用二十七厘米长的白色尼龙绳系在该口袋的钮扣上。

警察使用武力等级模式表

警察使用武力等级模式表

嫌疑人的抵抗程度	具体的行动表现	警察相应的武力程度	可采用的强制手段
1. 心理抵触	没有语言的抗拒，只是心理有抵触的态度表现	1. 口头规劝 2. 口头控制	1. 警察出现 2. 警察口头命令
2. 语言抗拒	口头表现出不服从，用恶言对抗或威胁	1. 口头规劝 2. 口头控制 3. 使用徒手戒备控制	1. 警察出现 2. 口头命令 3. 请求支援
3. 消极抵抗	用行为阻碍警察履行职务，但程度未有危及任何人	1. 温和的控制 2. 使用徒手戒备控制	1. 强行带离（由2~4名警察搬移对抗者） 2. 温和的徒手控制方法（压点控制） 3. 快速上铐
4. 顽强抵抗	用实质性行为抗拒警察的控制，其行为可能伤及警察或者其他人员	1. 强硬的控制 2. 使用警械戒备控制	1. 催泪喷射液 2. 强硬徒手控制（拳、掌、腿） 3. 倒地制服（上铐）
5. 暴力攻击	采用殴打的行为，但没有对他人有造成重伤害的故意	1. 强硬的控制 2. 使用警械戒备控制	1. 催泪喷射液 2. 强硬徒手控制 3. 倒地控制技术 4. 使用警棍控制
6. 致命攻击	采用殴打的行为，有致使他人重伤害及死亡的故意	致命武力使用枪械戒备控制	使用武器（枪支）控制

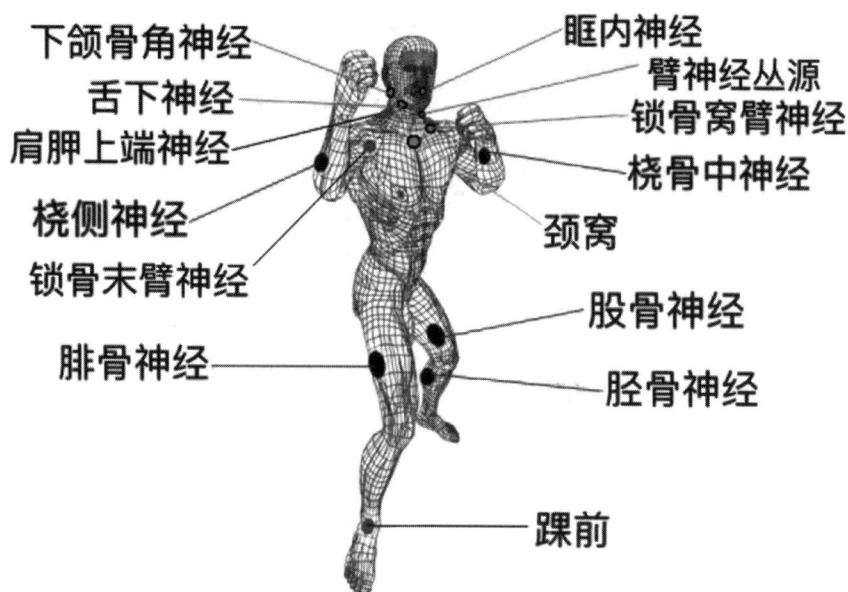

下颌骨角神经
舌下神经
肩胛上端神经
桡侧神经
锁骨末臂神经
腓骨神经

眶内神经
臂神经丛源
锁骨窝臂神经
桡骨中神经
颈窝
股骨神经
胫骨神经
踝前

压点神经图

参 考 文 献

［1］张明刚、夏琳、林维业：《警务战术》，中国人民公安大学出版社 2009 年版。

［2］倪峰、何志刚：《警务实战基础技能战术》，群众出版社 2005 年版。

［3］尹伟：《现代警察的防卫与控制》，中国人民公安大学出版社 2008 年版。

［4］薛宝利主编：《警务实战战术行动与案例教程》，中国人民公安大学出版社 2006 年版。

［5］公平、杨林、郏孙勇编著：《警务基础技能与战术》，中国政法大学出版社 2006 年版。

［6］高开慧：《边防警务实战战术》，法律出版社 2017 年版。